从工具到伙伴

30⁺ 幼儿教师与AI共生的实践案例

主　编　蔡伟玲

副主编　陈枭骁

复旦大学出版社

图书在版编目(CIP)数据

从工具到伙伴:30+幼儿教师与 AI 共生的实践案例/
蔡伟玲主编.--上海:复旦大学出版社,2025.7.(2025.11重印)
ISBN 978-7-309-18086-2

Ⅰ.G615

中国国家版本馆 CIP 数据核字第 2025DG2263 号

从工具到伙伴——30+幼儿教师与 AI 共生的实践案例
蔡伟玲　主编
责任编辑/谢少卿
装帧设计/右序设计

复旦大学出版社有限公司出版发行
上海市国权路 579 号　邮编:200433
网址:fupnet@ fudanpress.com　http://www.fudanpress.com
门市零售:86-21-65102580　团体订购:86-21-65104505
出版部电话:86-21-65642845
上海盛通时代印刷有限公司

开本 787 毫米×1092 毫米　1/16　印张 14.5　字数 275 千字
2025 年 7 月第 1 版
2025 年 11 月第 1 版第 2 次印刷

ISBN 978-7-309-18086-2/G·2715
定价:65.00 元

要意识到，我们可能生活在历史的伟大支点附近，在一个非常具有历史意义的时期。

——Nick Bostrom
牛津大学教授（《超级智能》作者）

序 言

    去年 12 月，我应邀参加云谷学校第六届学术周，主题是"用 AI 解锁未来"，蔡伟玲园长向我分享了云谷幼儿园的教师们在 AI 赋能下的教育探索。在学术周的活动过程中，我感受到云谷学校深厚的科技基因和颇具实力的科技设备，它们为 AI 教育创新提供了强大的支持，换言之，在 AI 赋能教育中，云谷学校是占有"先天优势"的。

    蔡伟玲园长对于人工智能在幼儿教育的运用有敏锐的觉知，她敢为人先，推动老师们积极拥抱 AI，将 AI 技术融入幼儿园教育、教学的方方面面。在蔡园长的领导下，该园的教师们敢于放弃旧的，勇于尝试新的，又以实事求是的务实精神，在浙江省率先将 AI 运用于幼儿教育实践，开创了幼儿教育领域的先河。

    在参与学术周的活动过程中，我听到了教师们在运用 AI 技术中的许多心得与体会，我也与国内人工智能领域顶级高手一起探讨 AI 在运用中的规范、技术、策略以及风险的规避。我赞赏"用 AI 解锁未来"的提法，未来是一把难解的锁，用 AI 这把充满科技含量的钥匙去解这把锁，应该有"敬畏之心"，有"踏实之精神"，不能只凭兴趣和激情。

    当今，AI 已经成为包括幼儿教育在内的教育中的一个热词，要抓住 AI 时代的机遇，不抓住就会落伍。教师要明白 AI 能为幼教做什么，要明白教师要 AI 为幼教做什么，要明白给 AI 赋能是面向未来，提升幼儿教育效率和质量的关键。

    我很高兴地看到《从工具到伙伴：30+ 幼儿教师与 AI 共生的实践案例》一书的出版，这是走在运用 AI 前列的幼儿园教育者研究的结晶。"从工具到伙伴"，意味着不能再将 AI 仅看成是工具，AI 是有"硅基脑的人"，它们是有想法、能推理的"人"，它们是智者，不再只是人类的辅助者，而是与人类共生、共享的伙伴。在幼儿教育中，它们会起到颠覆、降维的作用，它们会毫无疑问地将幼儿教育以往的想法、做法进行迭代。

    书中汇聚了 30 余个来自云谷幼儿园教学一线的真实案例，它们宛如颗颗璀璨明星，从不同维度、不同角度展现了 AI 在幼儿园教育中的多元应用与巨大潜力。这些案例涵盖了教学设计、课堂互动、家园共育、活动评估等幼儿教育的诸多方面，全面且深入地勾勒出 AI 与幼儿园教育深度融合的生动图景，让我们得以一窥未来教育的全新形态。从利用 AI 助力教学设计，生成符合幼儿兴趣与认知水平的探究活动，到借助 AI 实施分组差异化教学，满足每个幼儿的独特发展需求；从运用 AI 编写儿歌、创编故事，激发幼儿的语言学习兴趣，到依托 AI 整理幼儿碎片化记录，形成个性化教育方案，每一个案例都详尽地阐述了 AI 工具如何精准切入幼儿园教育的关键环节，切实解决教师在实际工作中面临的难题与挑战，为教学活动的开展注入新的活力与创造力。

　　AI 在高速发展过程中，也许在若干年以后回头看，云谷幼儿园现在所做的研究还不够成熟。但是，发展的过程就是一个认真反思自我、踏实走好每一步的过程。我相信，云谷幼儿园过去、现在和未来所获得的经验和体会，一定会给全国幼儿教育工作者提供示范，不仅是因为他们是先行者，更是因为他们是务实者。

　　愿这本书能成为幼儿园教师们手中的一份 AI 操作指引，助力大家在数智化教育的道路上能受到启发、有所收益。

华东师范大学教授　朱家雄

2025 年 5 月

前　言

那一刻，我想到：
老师们要使用 AI，并与 AI 共生

2023 年 1 月，在听"得到精选"的内容时，我首次接触到关于 AI 的信息，当时便被其展现的科技魅力深深震撼。那段时间，各大网络平台都在报道或谈论 AI 的话题，一时成燎原之势。云谷学校的好多有技术背景的跨界老师们，也纷纷谈论此话题，并尝试使用 ChatGPT 进行教学，大家无比兴奋、充满期待。我也通过同事们的帮助，尝试使用了 ChatGPT。除了基础对话交流，一次特殊的互动让我印象深刻。那一天，我向 ChatGPT 提出"请向 5 岁孩子介绍地球村"的请求，几秒后，屏幕上出现如下文字：

亲爱的，你知道什么是地球村吗？地球村这个词描述了我们整个世界变得越来越紧密相连的现象。想象一下地球就像一个大家庭，我们所有人都生活在一个巨大的村庄里，让我来给你讲讲地球村的有趣之处……（图 1）

对比幼儿园审定教材《完整儿童》中关于地球村的内容（图 2），不难发现，教材侧重从自然、物理层面构建幼儿对地球的认知，强调世界各国的运动与环境保护，

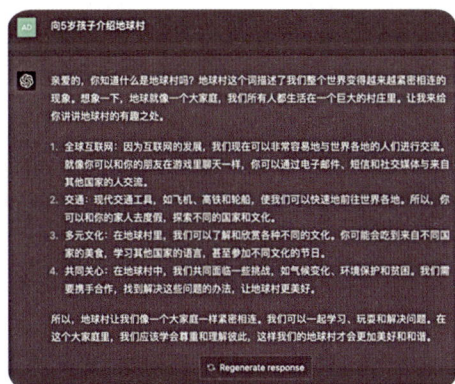

图 1

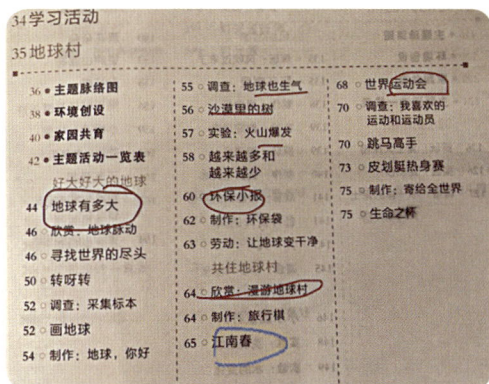

图 2

却未提及构成地球村的关键要素——全球互联网与现代交通体系。教材中的地球村是扁平的拼图；而 AI 描绘的地球村却是立体的生命网络：互联网是神经，现代交通工具是血脉，文化交融是生命律动。两者无论是认知视角，还是认知的广度、深度和宽度，都有着巨大的差异。

那一刻，我仿佛看见认知壁垒在眼前崩塌，内心的信念之火越烧越旺：如果 AI 能引领教育突破经验桎梏，我们有什么理由拒绝这场认知革命？我坚定地认为：我们的教师要去使用 AI，用好 AI，用 AI 来赋能做更优质的教育。

这种认知升维在陈枭骁老师的风筝实验中绽放出具体形态。那一天，孩子们好奇风筝能飞起来，追着陈老师问为什么。自觉难以向孩子们说清楚这个现象是什么、怎么说，陈老师便借助 ChatGPT 获取了一个四五岁孩子能够理解的简单实验方法。这个实验利用教室里的吸管和纸片演示伯努利原理，使孩子们在观察教师操作及自己动手的过程中具体感知了气体动力学。教师的经验直觉与 AI 的算法推演在此叠加，不仅激发教学设计灵感，更验证了 AI 在化解"幼儿无限提问与教师有限知识"矛盾中的独特价值，为教学创新提供了更多可能。

这一年的立夏，我决定在幼儿园成立数智化项目组，旨在推动园内数字化管理和智能化教学的探索。项目组从全体教师中招募对 AI 和教育技术感兴趣的成员，作为先行先试者，再通过工作坊的形式分享实践成果，逐步带动全园教师共同成长。随着项目的推进，一种名为"AI 流"的文化逐渐在园内悄然形成，成为一股不可忽视的力量。

与此同时，人工智能也在以几何级数迅猛发展，逐步绘制出一幅人机共生的教育图景——

2024 年 3 月，OpenAI 发布了新模型 Sora，我第一时间观看到了两个令人印象深刻的视频画面：一艘船在盛满咖啡的杯子上如在海洋上行驶，一辆货车在蜿蜒的山路上平稳前进。这些场景仅通过简单的语言输入即可生成，这意味着，对于充满奇思妙想的孩子们来说，AI 赋予了他们将想象具象化的能力。幼儿无须再对着空气描述心中奇景，AI 让他们有了"言出法随"的创造魔法，让他们相信：我能想到的，就能被看见！这对于创造力培养而言，将是多么神奇的力量。

医疗 AI 领域的突破则为教育注入新的启示。阿里巴巴达摩院研发的胰腺癌早期筛查模型 PANDA（Pancreatic Cancer Detection with AI），发现胰腺肿瘤的能力达到了92.9%，相较于人工诊断提高了 34.1%，实现了对早期胰腺癌病变的准确识别，堪称现代版扁鹊。这种能力迁移到教育场域，或将催生"教学诊断学"新范式：通过分析数千份幼儿绘画作品数据集，AI 助手能精准识别各种认知发展信号；结合可穿戴设备采集的生理数据，为每个孩子生成专属的"学习特征全景图"。此时的 AI，将不再是辅助工具，而是维果茨基"最近发展区"理论的智能脚手架。

更具象征意义的是，2024 年诺贝尔物理学奖和化学奖都颁给了"AI+"。这或许也暗示：教育的未来不是人与机器的"零和博弈"，而是如双螺旋结构般的共生进化。正如可汗学院创始人萨尔曼·可汗在其新书《教育新语》中所言：AI 不会替代教师的角色，而是将他们从繁重的日常任务中解放出来，使教师能够专注于更具创造性和情感连接的工作，如点燃心灵、探索真理、塑造人性；教育范式将从传统的"师-生"二元结构转变为"师-机-生"三元结构，机器不再只是知识的载体，而是积极参与到教与学的过程中，成为教育过程中的重要组成部分。

所以，技术创新和人工智能，已然是我们在教育变革与创新中的"必答题"，而不再是"选择题"。在"答题"的过程中，人的价值和人工智能的价值都需要被重新审视——二者应是协作互补关系，而非相互替代。人工智能不仅是工具，它是一个学着像人一样思考的智能体，我们需要培养与 AI"共生"智慧的意识，在教育的各个场景中与自我构建的 AI 智能体一起，推动优质教育的开展。

2025 年 1 月的 CES 大会上，英伟达的创始人兼 CEO 黄仁勋的主题演讲描绘了一个由 AI 驱动的未来愿景。这种愿景，在云谷幼儿园的老师们积极拥抱 AI 的实践中获得了教育学注脚。教师们通过 AI 快捷获取教育资源、开发智能助理，不断拓宽教育视野。在与 AI 的共生过程中，他们设计出更具创新性的教学活动，提供个性化学习体验，激发幼儿潜能；同时结合幼儿观察记录与 AI 分析，生成差异化支持策略，优化教学效果。此外，AI 还助力家园沟通，为家长提供专业指导。

在与 AI 的互动中，教师们感受到了 AI 赋能的乐趣，在教学过程中实现共创成长。我想，如果云谷的经验可以帮助所有的幼儿教师拥有与 AI 共生、共创、共成长的能力，那么，学前教育品质必将因此而获得整体提升。所以，当复旦大学出版社的谢少卿编辑在上海 2024 年学前教育发展大会上听了我关于 AI 实践的分享后，热情地邀请我将云谷幼儿园教师的实践案例结集出版时，我欣然应允。

这本书收录的 34 个案例覆盖幼儿园工作全流程、全场景，涉及资源获取、活动设计、教学实施、家园共育、专业发展等多个维度，为一线教师提供可操作的实践指南。教育部怀进鹏部长在 2024 年世界数字教育大会上提出：学校可以但并不限于从"以'智'助教、以'智'助学、以'智'助评、以'智'助育、以'智'助研、以'智'助管"六大领域开展相关应用场景实践。以上六大领域，本书案例均有涉及。

云谷教师在 AI 应用中展现出鲜明的共生思维。这种思维建立在教师对幼儿全面认知的基础上，既包括对深度学习规律与幼儿学习特点的把握，也包含对 AI 局限性的清醒认识。所以，在每一个案例里，我们都能看到教师与 AI 的多轮互动——通过持续优化提示语，使 AI 输出更精准，同时从 AI 反馈中获得新启发，最终形成最优教育方案。此外，这些教育案例也充分体现了云谷教师面向未来的教育思考、个性化的教学思路，以及注重幼儿能力和素养发展的教学设计理念。

当然，AI 的应用也面临伦理挑战。2024 年 4 月 19 日，云谷幼儿园出台了《杭州云谷幼儿园生成式人工智能使用指南（试行版）》，明确了几个关键点：鼓励教师积极探索 AI 的应用，但同时强调应保持教育的主导权；要求教师认识到 AI 并非万能，尤其在幼儿教育阶段，真正的学习源于触摸、体验、互动和思考；同时需要重视隐私保护和信息安全，确保使用符合道德与学术规范。

在这股"AI 流"中，有教师担心："AI 写的教案比我好，我还有价值吗？"或许，AI 能写出优质的教案，但它永远无法代替那个蹲下来平视孩子的目光。请坚信，教育是人与人的相遇，AI 或许给了孩子们整个星海的星光，但教会他们为每一粒沙惊叹的永远是我们老师。这或许就是未来教育最美的模样：于技术，它是望远镜，让我们望见认知的深空；于教师，我们是掌灯者，在浩瀚星海中为每个生命找到专属轨道；于孩子，他们终将明白，比 AI 更强大的，是永远敢于提问、想象与共情的人类心灵。

感谢积极、勇敢拥抱人工智能的云谷幼儿园老师们，你们让优质教育在人工智能时代有了更多的可能性，也为孩子们铸就了面向未来的核心胜任力！

蔡伟玲

云谷幼儿园总园长

2017 年 11 月 1 日加入云谷

写于 2025.1.20 大寒

目 录

1 开辟教学设计新天地

2 共创美好的学习体验

3　支持个性化发展评估

4　赋能家园协同育人

5 助推教师专业发展

后记

附录 1

附录 2

1

开辟教学设计新天地

1-0 私人助理：在 AI 生成基础上的再创造

在云谷的教学活动中，越来越频繁地出现 AI 介入的场景——从方案教学到生成性活动的设计，从节气活动的落地到差异化教学的实现，这些都蕴含着教师们对于 AI 对于教学的思考。

一、AI 的技术优势

AI 就像百科全书，它的资源整合能力能够补齐教师本身认知上的"短板"，快速抓取、分类和推荐海量教育资源。它不仅能从互联网中筛选出优质内容，还能根据教师的需求和儿童的特点，生成个性化的资源。在单个活动的设计中，AI 能够和教师一起将儿童的兴趣快速整理成一个教学活动或是从一个教学活动生成符合幼儿能力的多个教学活动。在方案活动中 AI 更是能收集资源，根据教师的需求关联各领域资源，将单一主题扩展为丰富的学习网络。这种高效整合不仅大大节省了教师的备课时间，最重要的是打破了资源壁垒，为教育公平提供了可能性，让更多幼儿享受到优质教育内容。

二、使用方法总结

AI 资源整合的高效性离不开教师的专业输入。教师只有敏锐捕捉儿童兴趣，并基于对教学理论（如方案教学、差异化教学）的深刻理解，才能与 AI 协同设计出高质量的活动。例如，本章出现的关于太阳影子实验的设计是教师经过了多次的调整，才拿到了自己满意的设计。同时，这种协同设计的前提是教师对教学策略的熟练掌握，例如，在贝壳的探究活动中，教师使用思维工具作为支架帮助儿童构建自己的认知。如果没有这些专业输入，AI 也无法输出高质量的设计。

三、教师面临的挑战

　　AI 的资源整合能力很强，但教师的专业判断是无法被 AI 替代的。在使用的过程中，教师面对 AI 的滔滔不绝时仍需保持专注。未来的幼儿园教师，应是"善用技术的教育设计师"——善用 AI 突破认知与资源边界，但永远将儿童的真实需求置于算法之上。这样，不仅能高效完成资源整合，还能更专注于与儿童的深度互动，真正实现"以儿童为中心"的教育理念。

1-1 使用 AI 助力教学设计：设计关于贝壳的探究活动

适用场景	利用孩子日常生活中感兴趣的内容设计教学活动方案
推荐工具	ChatGPT[1]、DeepSeek 等大语言模型
推荐理由	在进行教学活动的设计时，让 AI 和人脑一起工作，可以大大减少教师在梳理环节流程时耗费的精力，AI 能够将教师捕捉到的教学契机完整地表达和书写出来。

一、背景介绍

集体教学活动是幼儿园一日生活中很有价值的活动形式，而幼儿感兴趣的部分通常是他们日常生活中能够接触到的各种事物，教材中的活动内容不能完全覆盖这些场景。因此幼儿园教师经常要设计一些生成性的活动，解决幼儿在生活中感兴趣的问题，AI 能够快速地将教师捕捉到的教学契机转化为一个完整的教学活动。

二、共生过程

小朋友们去沙池玩耍时，他们总是会因为挖到贝壳而兴奋，还会询问老师"这些贝壳是从哪里来的""为什么贝壳有不同的颜色"等问题。针对小朋友们提出的这些问题，我决定设计一个探究活动，帮助他们自主构建认知，找到问题的答案。

（一）第一次共生过程

> **提示语：**
>
> 一群 4 岁小朋友在沙池玩的时候，对沙池里的贝壳非常感兴趣，他们总是会收集很多贝壳。我想根据这个兴趣点来设计一个探究活动，使用 see-think-wonder 来说出自己感兴趣的内容，并且在第二课时使用一些方法去寻找这些内容的答案。请你帮我设计这两个教学活动，注意需要使用思维可视化 / 深度教学的框架工具。

与 AI 完整
对话 1-1

---

1   本书中标明使用工具为 ChatGPT 的都可以用其他大语言模型替代。

ChatGPT:

以下是基于小朋友对沙池中贝壳的兴趣设计的两节课活动，使用"看–想–疑"思维流程以及深度教学和思维可视化工具：

第一课时：贝壳的发现之旅

目标：引导孩子观察贝壳，表达他们的好奇心，并通过"看–想–疑"流程梳理思路。

1. 贝壳探索的介绍
   - 带孩子们到沙池区域，并提醒他们注意安全规则。
   - 让孩子们自由探索并收集贝壳，观察贝壳的形状、颜色和大小等特征。

2. 使用"看–想–疑"流程
   - 看：邀请孩子们仔细观察贝壳，提出问题："你看到了什么？"记录他们的观察内容，例如提到的形状、图案或独特特征。
   - 想：问孩子们："你对这些贝壳有什么想法？"鼓励他们分享自己的想法或猜测，比如贝壳从哪里来、它们有什么用途等。
   - 疑：引导他们思考："你对这些贝壳有什么疑问？"收集孩子们的问题，比如"为什么贝壳有不同颜色？"或"它们是怎么来到沙池的？"。

3. 思维可视化工具
   - 使用大纸张或白板，将他们的回答分成三个栏目：看、想、疑。这个视觉辅助工具可以帮助孩子们看到想法和问题之间的联系和模式。

第二课时：探索贝壳的奥秘

......

（二）第二次共生过程

我的思考：

　　我认同 AI 给出的大致思路，但是教学活动一般分为活动目标、活动准备和活动过程，AI 给到的回答非常简单，因此我继续引导它给出详细的教学活动方案。

提示语：

　　第一个活动：小朋友将通过"see-think-wonder"的顺序对自己在沙池中发现贝壳以后的想法进行表达，并讨论怎么才能获得更多信息。请将活动写完整，包括活动目标、活动准备和活动过程。

ChatGPT：

活动名称：贝壳的发现与探索

活动目标

1. 引导孩子通过观察、思考、提问的方式表达自己对沙池中贝壳的兴趣。

2. 鼓励孩子提出关于贝壳的问题，并讨论如何进一步获取更多相关信息。

3. 培养孩子的观察能力、语言表达能力和初步的科学探究意识。

活动准备

● 沙池中放置一些贝壳（可以在沙池自然环境中找到或提前准备）

● 大纸张、记号笔、装有放大镜、贝壳图书或图卡的小探究盒子

活动流程

1. 活动导入（5 分钟）

● 教师带孩子们到沙池，激发他们对沙池中贝壳的兴趣，鼓励他们在沙子中寻找和观察贝壳。

2. "看—想—疑" 探究环节（15 分钟）

● 看（See）

✓ 引导孩子们仔细观察自己找到的贝壳，用放大镜观察贝壳的细节，鼓励他们描述贝壳的形状、颜色、纹理等特征。

✓ 教师提问："你看到了什么特别的地方？"并将孩子们的描述记录在纸张上，以便全班共享。

● 想（Think）

✓ 让孩子们分享对这些贝壳的看法，可以引导孩子思考贝壳可能的来源、用处等。

✓ 问孩子们："你觉得这些贝壳是怎么来的？它们会有什么用呢？"记录他们的回答，激发不同观点的交流。

● 疑（Wonder）

✓ 询问孩子们："你对这些贝壳还有什么疑问？"鼓励他们大胆提出任何与贝壳相关的疑问，如："为什么贝壳会有不同颜色？""贝壳里面会有生物吗？"等等。

✓ 将孩子们的疑问记录下来，并与孩子们一起整理成一个 "疑问清单"。

3. 讨论：如何获取更多信息（5 分钟）

● 通过观察和提问的过程，教师引导孩子们思考可以如何寻找贝壳的更多信息。

- 提出一些获取信息的方式，如通过图书、图片，或者询问他人等。
- 鼓励孩子们一起讨论并分享自己的想法，例如："我们可以去图书馆找关于贝壳的书。""可以问问家长或老师。"并将这些方法记录下来。

4. 总结和延伸（5 分钟）

- 教师带领孩子们回顾他们的观察、思考和疑问，称赞他们提出了有趣的想法和问题。
- 提出将在下一次活动中继续探索贝壳的秘密，让孩子们对后续的探究活动产生期待。

活动延伸

在下一次课中，教师可以通过带来更多与贝壳相关的图书、放大镜、图片或小实验，帮助孩子们继续探索"疑问清单"中的问题，进一步加深他们对贝壳的理解和兴趣。这样的设计能充分利用"看-想-疑"框架，帮助孩子在探索过程中培养观察力、表达能力和初步的科学探究思维。

实践效果：

我在 AI 设计的活动基础上稍作修改，例如导入环节，我事先准备好了一些在沙池里收集的贝壳，请小朋友在教室里观察，这样可以让活动更聚焦。活动中，小朋友对于贝壳的出现很有兴趣，不仅在集体活动中积极讨论和分享关于贝壳的内容，还能够在引导下使用 see-think-wonder 这样的思维工具进行认知的建构。他们还提出了要解答这些疑问的办法，为之后进一步探索铺垫。（图 1-1-1、图 1-1-2）

图 1-1-1 孩子随机拿取贝壳

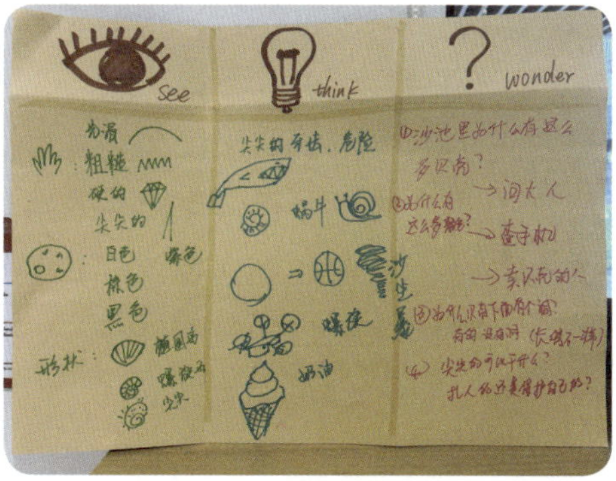

图 1-1-2 课堂实录

（三）第三次共生过程

我的思考：

　　实施了教学活动以后，我还尝试和 AI 一起作了教学反思，探讨活动进行过程中使用思维工具的疑问。

> 提示语：
>
> 　　在进行 see-think-wonder 这个模式的讨论时，你觉得是一次性让 4 岁的孩子完整讲这个链路，还是先一起讨论 see，再讨论 think 最后 wonder？

ChatGPT：

对于 4 岁的孩子，分步骤讨论"See-Think-Wonder"会更适合。让他们一次性讲完整个链路可能会有难度，分开讨论可以让他们更好地理解每一个环节，并逐步引导他们深入思考。

具体方法建议：

1. 逐步引导：先集中讨论"See"部分，让孩子们单纯地观察并描述自己看到了什么。这一环节可以帮助他们专注于细节，提升观察力。

2. 扩展思维：在"Think"部分，鼓励他们在观察的基础上分享想法，例如"你觉得贝壳有什么特别之处？"这样他们可以更自如地将观察和思考结合。

3. 激发好奇心：最后在"Wonder"部分提问，帮助他们形成进一步的探究意识，例如："你对贝壳还有什么想知道的吗？"这样，他们的好奇心能自然地表达出来，而不必担心整体链路的逻辑。

这样的分步骤讨论有几个优点：

- 集中注意力：逐步进行讨论有助于 4 岁孩子的专注力，因为每个环节都相对简单，不至于让他们感到信息过载。

- 逐步建构思维：孩子可以在一步步讨论中慢慢建构自己的观察、思考和疑问，更容易理解每一步的意义。

- 适应年龄特点：符合 4 岁孩子的认知发展水平，帮助他们在讨论中获得成就感，增强参与感。

这种方式能让孩子更有条理地参与讨论，同时避免他们因内容过多而感到困惑。

实践效果：

　　和 AI 协同反思是一次新的尝试，它的优势在于条理清晰，从它的回答当中可以拓展我的已有经验，也让我对这个思维工具有了更深的认识。

三、拓展延伸

　　我和 AI 多次合作以后，发现教师本身具有一个清晰的思路非常重要，如果能够将以下几点说清楚，那么这个教学活动就能够以比较满意的形式输出，当然，并不要求每次都输入以下所有信息，也可以向 AI 询问是否有一些合适的活动形式、教学策略等。

1. 活动主题或背景

　　简要描述活动的主题或背景，以及活动源自的兴趣点或需求。示例：孩子们对沙池中的贝壳感兴趣，希望设计一个基于"看–想–疑"的探究活动。

2. 活动对象

　　明确目标群体的年龄和人数，说明孩子们的兴趣特点或能力水平。示例：适合 4 岁小朋友，人数 10 ～ 15 人，动手能力较强，对自然现象好奇。

3. 活动目标

　　清晰列出希望通过活动达成的学习目标，包括认知、技能和情感方面。示例：帮助孩子认识贝壳的基本特征，培养观察力和提问能力，激发探究兴趣。

4. 活动形式

　　指定希望采用的教学模式或框架（如探究式、游戏化、体验式等）。示例：希望通过小组合作、讨论和感官探索等方式开展。

5. 特殊要求或限制

　　提供场地、材料、时间等实际条件，以及需要特别注意的事项。示例：活动需在沙池进行，时间控制在 30 分钟，需有可视化记录工具。

6. 期望的教学方法

　　是否需要特定的教学策略（如深度教学、思维可视化工具）。示例：希望使用思维导图构建知识网络。

完整提示语示例：

　　请帮我设计一个适合 4 岁小朋友的教学活动，背景是他们在沙池中对贝壳产生了浓厚兴趣。活动需要以"看–想–疑"（See-Think-Wonder）的探究模式进行，目标是引导孩子观察、表达想法和提出疑问，并通过查阅资料或感知实验获得更多信息。活动时长控制在 30 分钟，需包含认知目标（了解贝壳的基本特征）、技能目标（培养观察力和提问能力）和情感目标（激发探究兴趣）。希望活动能使用思维可视化工具帮助孩子们整理和分享他们的发现。

案例贡献者

陈枭骁

班主任老师

2018 年 9 月 17 日加入云谷

1-2 使用 AI 实施分组差异化教学：以设计美术活动"青花瓷"和方案活动"杭州西站"为例

适用场景	区域活动的设计，差异化小组活动设计
推荐工具	ChatGPT 和通义千问等
推荐理由	满足差异化教学，实现教学的个性化

一、背景介绍

　　相信每个班里都会出现这样的情况：有的孩子能力很强，教师发布的任务分分钟就能搞定，直呼："太简单啦！"然而也有一些孩子能力比较弱，对教师发布的任务无从下手。面对个体发展和能力的差异，幼儿园教师如何更好地设计活动，让每一个孩子都能挑战自己的最近发展区呢？AI 能够搭一把手。

二、共生过程

案例一：美术活动——青花瓷

　　在我们班，有的小朋友非常喜欢绘画，最喜欢的区角活动就是涂鸦，因此他们的绘画能力也很强，线条流畅且涂色均匀。也有一些小朋友对绘画这种表征方式感到为难，常常会说："老师，我不会画。""老师，我不知道画什么。"在大班上学期"完整儿童"教材的大中国主题下，有一个活动是"青花瓷"。结合我们班小朋友的这种情况，我想要设计三种不同能力梯度的小组活动，让每一个孩子都能够在这个活动中有所收获并且感到快乐。于是，我首先将这个活动的总目标发送给了 AI，并提出我的小组活动设计的要求。

（一）第一次共生过程

提示语：

> 设计三个不同难度级别的活动。这些活动将从简单到复杂，帮助孩子们逐渐深入理解和欣赏青花瓷艺术。

幼师小爱：

活动一：简易版"青花瓷"涂色（初级）

● 活动内容：

向孩子们展示几张经典的青花瓷器具图片，重点讲解其色彩搭配（蓝白相间）和一些常见的图案元素，如波浪线、云纹、花卉等。让每个孩子选择一张印有青花瓷轮廓的纸，并用提供的蓝色和白色工具进行涂色。

......

活动二：手工制作"青花瓷"瓶（中级）

● 活动内容：

教师先演示如何用黏土塑造一个简单的瓶子形状，包括瓶颈、瓶身和底部的设计。孩子们尝试模仿或自行创作出自己喜欢的瓶子形态。

完成后，指导孩子们在自己做的瓶子表面绘制青花瓷样式的图案，注意引导他们思考图案与瓶子形状之间的协调性。

......

活动三：创意青花瓷拼贴画（高级）

● 活动内容：

提供大量不同质地和颜色的小物件给孩子们选择，鼓励他们利用这些材料来创作一幅独特的青花瓷主题拼贴画。

......

（二）第二次共生过程

我的思考：

AI 提供了许多关于"青花瓷"活动的建议和想法，拓宽了我的思路。但是当考虑到实操环节时，教师需要提供的材料过于复杂，无论是在操作环节还是最后的整理

与 AI 完整
对话 1-2

环节，对幼儿来说都具有一定的挑战性。另外，AI 回复消息的呈现形式看起来也比较啰唆，我更希望用表格的形式，因为它一目了然。所以，我和 AI 又有了下一步的对话。

提示语：

我希望三个小组的活动都采用绘画这种表现形式，但要体现出不同能力层次的差异，以实现差异化教学。请以表格的形式呈现这三个小组活动。

幼师小爱：

活动名称	目标	材料准备	活动内容	分享环节
青花瓷线描艺术	培养孩子们对线条的感受力，理解青花瓷图案的基本构成	黑色或蓝色细尖笔、白色纸张	介绍青花瓷上常见线条类型，孩子用细尖笔模仿这些线条，尝试用几何图形或自然元素构建青花瓷样式图案，不填色，重点在线条表现美感	孩子们展示线描作品，讲述最喜欢的部分和创作想法
色彩丰富的青花世界	增强孩子的色彩感知能力，探索青花瓷中蓝色变化的可能性	水彩颜料、调色盘、画笔、白色纸张	认识青花瓷的蓝色色调变化，临摹青花瓷器形状并填色，尝试混合不同蓝色创造独特效果，保持画面和谐统一	小组内分享作品，互相评价色彩运用技巧
我的青花梦——创意想象画	激发孩子的想象力和创造力，自由表达对青花瓷的理解和个人感受	彩色铅笔、马克笔、水彩笔或其他喜欢的绘画工具、大幅白纸	孩子想象青花瓷构建的世界，使用绘画工具描绘这个世界的景象，融入传统和现代元素，添加背景故事，举办小型展览展示创意作品	举办展览展示作品，孩子们讲述创意背后的故事

实践效果：

AI 这一次设计的三个活动比较符合我的期待，于是我将这个表格写进了教案当中。在实施教学的过程中，我还额外准备了一些青花瓷图案的物品（比如青花瓷风格的衣物、沙发、地毯等），这样可以更好地激发第三组的孩子们去进行自由创作。（图 1-2-1～图 1-2-4）

图 1-2-1　幼儿作品（帆布画）

图 1-2-2　幼儿作品（丙烯）

图 1-2-3　幼儿小组活动

图 1-2-4　课堂实景

案例二：方案活动——智慧的杭州西站

（一）第一次共生过程

　　再举一个例子，也是关于差异化教学。与刚才"青花瓷"的例子不同，这个活动是方案学习中的小组活动，其差异化设计不是基于幼儿的能力，而是基于个体兴趣。

　　在"高铁"方案学习中，小朋友们对火车站产生了浓厚的兴趣。云谷幼儿园位于杭州，距离杭州西站仅 12 分钟车程，因此我们将杭州西站作为重点研究对象，开展了一个了解其智慧特点的活动。

我首先问了通义千问："请问杭州西站有哪些特别之处？它的智慧体现在哪里？"通义千问回答道："杭州西站的智慧之处体现在：1. 开放的布局和采光；2. 便捷的换乘系统；3. 对特殊人群（如孕妇、盲人和儿童）的友好。"因此，这个活动的三个小组活动设计分别针对这三个特点。

提示语：

　　请你帮我设计三个差异化的小组，这个活动是了解智慧的杭州西站，分别关注的是杭州西站的三个特点：

　　1. 杭州西站的开放空间和布局；

　　2. 杭州西站便捷的换乘系统；

　　3. 对特殊人群的友好（比如志愿者对盲人的帮助和母婴室的设置等）。

通义千问：

以下是针对了解智慧的杭州西站设计的三个差异化小组教学方案，每个小组聚焦一个特点，采用适合幼儿的活动方式，帮助他们深入探索。

小组：开放空间与布局

目标：帮助孩子理解杭州西站通过明亮的灯光和宽敞的布局，提供舒适的环境和良好的体验。

活动内容

1. 观察与讨论：通过观看杭州西站的照片或视频，让孩子们观察车站的高大天花板、大玻璃窗、宽敞的大厅。提问：为什么这里这么明亮？这样设计有什么好处？

2. 动手操作：

　　提供积木、透明塑料板和彩色灯纸，让孩子们尝试搭建一个"明亮的车站"。

　　鼓励他们用手电筒或小灯泡测试光线如何通过"玻璃窗"照亮空间。

　　……

成果展示：完成一个"杭州西站大厅"模型，并分享为什么这样的设计能让人感到舒适。

小组：便捷的换乘系统

目标：让孩子了解杭州西站的多种交通换乘方式以及便利性。

……

小组：对特殊人群的照料

目标：引导孩子认识杭州西站为特殊人群（如盲人、母婴家庭、行动不便者）提供的贴心服务，培养同理心。

……

（二）第二次共生过程

我的思考：

可以看出，AI 设计的这三个活动非常丰富，而且很适合大班小朋友们的项目式学习。孩子们通过动手操作和体验，能够感受到一些抽象的概念和理念。考虑到这学期我们班的小朋友非常喜欢桌游，我继续和 AI 对话。

提示语：

第三个活动，你可以结合桌游，设计盲人、孕妇、儿童三种不同的角色，情景是在火车站，希望孩子们能够在玩桌游的过程中，体会到这些特殊人群和普通人不同的地方，以及他们需要得到哪些特殊帮助，进一步帮助幼儿理解杭州西站提供的一些服务对于盲人等来说有多么重要。

通义千问：

这是一个很好的想法，结合桌游设计可以让孩子们以角色扮演的方式更深入地体会特殊人群的需求和杭州西站的贴心服务。以下是详细的活动设计方案：

桌游设计：杭州西站特别旅客体验之旅

活动目标

通过角色扮演和游戏情境，让孩子们感受盲人、孕妇、儿童等特殊人群在火车站的需求和挑战。

帮助孩子们理解杭州西站为这些人群提供的服务的重要性。

培养幼儿的同理心和问题解决能力。

游戏设计

游戏背景

情景设定为"智慧的杭州西站"，玩家扮演不同的角色（盲人、孕妇、儿童、普通旅客），需要完成"安全到达候车厅"的任务，同时体验车站提供的特殊服务。

角色卡

盲人

   特点：无法看到，需要依赖盲杖和志愿者指引。

   任务：找到盲道并安全到达母婴室区域。

   限制：只能通过触摸和听到的指示行动。

孕妇

……

儿童

……

规则说明

每名玩家随机抽取一个角色卡，并在地图的"出入口"就位。

玩家需要按角色特点移动，如盲人只能沿盲道行走，孕妇需寻找无障碍通道，儿童需要在标识牌处确认路线。

成果展示

分享环节：游戏结束后，每个孩子分享扮演的角色体验，回答以下问题：

"你觉得扮演这个角色时，最困难的是什么？"

……

所需材料

游戏地图（杭州西站简化模型，可用纸板或大号图纸制作）。

角色卡（含盲人、孕妇、儿童、普通旅客）。

……

实践效果：

   当 AI 回复我这一段消息时，我忍不住想给它送出一朵大红花，这可太符合我设计这个活动的初心了！通过游戏的方式来深入理解他人，共情他人，这不就是我想要的吗？这就是 AI 赋予我的魔法和超能力，我提出想法，AI 直接给出具体的实施方案，缜密、高效！（图 1-2-5 ～图 1-2-7）

三、拓展延伸

   和 AI 沟通是需要一步步去调节和修改的，就像画一幅工笔画一样，很少会一步到位，但是教师可以从一个教育者的角度出发，去思考如何要求 AI 更好地给出教学方

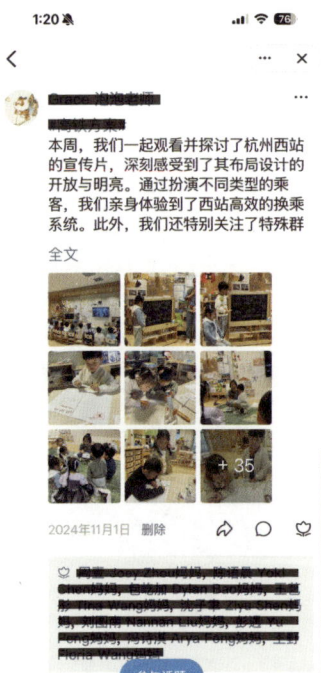

图 1-2-6　课堂实况（一）

图 1-2-5　班级圈

图 1-2-7　课堂实况（二）

案，向它提出一些切实可行的建议，这样就可以得到一份满意的答案。

我们或许不是各个领域的专家，但是我们最擅长的是看见孩子。结合 AI 的特别能力，我们可以把观察和捕捉到的孩子们的兴趣点和需求与 AI 的本领相结合，让教学活动更加生动有趣，也更有吸引力！

教师要不断地提高自身的专业能力，基于对本班级孩子能力和兴趣的了解，对 AI 的回复要有所取舍并划出重点，而不是把 AI 面面俱到的说法都视为珍宝。

案例贡献者

杨　婷

班级老师

2020 年 4 月 9 日加入云谷

1-3 利用 AI 助力节气在地化教育实践：以夏至节气为例设计在杭州地区的节气活动

适用场景	利用节气进行相关教育的场景
推荐工具	ChatGPT、豆包、DeepSeek
推荐理由	AI 可以准确、深入地讲解节气的传统文化内涵，可以通过生成有趣的故事、传说来展现文化内涵；可以为活动形式提供创新思路，会根据不同年龄段、地域和学校资源定制活动方案；可以整合线上线下各种资源；能根据实时气候数据和长期气候变化趋势，帮助教师动态调整活动内容。

一、背景介绍

这些年来，越来越多的幼儿园、小学开始将二十四节气活动融入课程中，但在开展二十四节气活动时又存在诸多难点和痛点：一方面，文化认知不足，对节气内涵理解不深；另一方面，活动形式浅层化，容易忽视自然规律与哲学思想；此外，活动资源有限，城市缺乏场地与自然资源，乡村缺乏资金和师资；而且，二十四节气的适用性也存疑，地域差异和气候变化影响其与自然现象的同步性，导致活动设计与实际易脱节。诸多现实性问题，加大了学校开展二十四节气活动的难度。

二、共生过程

在杭州，要对孩子进行节气相关的教育，教师可以先了解杭州市关于夏至节气的一些节气特征和相关信息，以便从中获取我们可以用来进行教学设计活动的有用信息。

（一）第一次共生过程

提示语：

想要了解杭州地区关于夏至节气的所有信息，请从各个方面进行罗列。

ChatGPT：

杭州市夏至节气特点

1. 夏至的基本概念

- 在杭州，夏至一般出现在 6 月 21 日或 22 日，是日照最长的一天，标志着炎热天气的开始。
- 在古代，杭州地区视夏至为重要的节气，通过祭祀和民俗活动表达对自然的敬畏与对丰收的期盼。

2. 气候特征

- 高温潮湿：杭州位于亚热带季风气候区，夏至时节通常进入梅雨季。空气湿度大，雨水频繁，气温约在 25℃～33℃，天气闷热。
- 梅雨季节的开始：由于冷暖气流交汇，杭州市降水明显增多，持续性小到中雨较常见，有时伴有短时暴雨。

3. 自然现象

- 植物变化：
- 荷花盛开：夏至时节是西湖荷花初开的季节，翠绿的荷叶铺满湖面，荷花点缀其中，为西湖增添了夏日韵味。
- 果实成熟：杨梅是夏至时节的特色水果，尤其是萧山杨梅因色泽红艳、果肉多汁而闻名。
- 动物活动：
- 水域中的鱼类和鸟类活动增加，白鹭等水鸟常见于西湖及周边湿地。

4. 风俗习惯

- 吃面消暑：
- 杭州人在夏至有吃凉面或热汤面的习惯，讲究细面条搭配清爽的配料，如黄瓜丝、鸡蛋丝、酱油和麻油等，既解暑又开胃。
- 杨梅节：
- 萧山杨梅因果实丰美、酸甜可口而闻名，夏至时节，杭州及周边地区常举办杨梅采摘节，吸引众多游客参与。

- 饮凉茶：
- 传统的杭州市民会在夏至后饮用杭白菊、荷叶等泡制的凉茶，帮助祛湿降火。
- 晒衣晒书：
- 利用夏至的高温和长日照，杭州市民常在这一天晒被褥、衣物或书籍，以防霉变。

5. 养生与健康

- 饮食养生：
- 杭州夏至期间湿热显著，建议多吃清凉、祛湿的食物，如冬瓜汤、绿豆汤等。
- 杨梅除了酸甜可口，还具有开胃消食的作用，是杭州人夏季的"天然零食"。
- 作息调节：
- 夏至昼长夜短，杭州市民通常会通过午睡缓解疲劳，同时避免中午时段的高温外出。

6. 农业意义······

7. 文学与艺术中的夏至······

我的思考：

　　AI 提供了很多杭州关于夏至节气的信息，但如何根据这些信息进行教学活动设计，还需要我们甄别优选，荷花和杨梅离杭州本地孩子们的生活比较近，较容易进行活动设计。但我们还需要考虑一个情况，如较偏远的学校，有机会和条件种植荷花或杨梅，但位于杭州市中心的幼儿园或学校，受场地和自然资源的限制，也许根本没有条件种植荷花和杨梅。基于这种情况，我们可以借助 AI，解决这一困境。

（二）第二次共生过程

提示语：

　　如果位处市中心，节气活动受场地和自然资源限制，怎么开展节气活动？

ChatGPT：

1. 室内节气活动：用创意模拟自然

活动形式：

（1）节气日历制作：给每个孩子发一张空白节气日历，让他们在每个节气上画出对应的自然现象（如立春画芽、夏至画荷花等），并标注相关节令活动（如吃面、喝绿豆汤等）。

（2）室内植物观察：

- 用盆栽植物（如绿萝、吊兰等）模拟季节变化，观察植物的生长。给孩子们发放观察记录表，记录植物的成长状态，了解节气变化对植物的影响。

- 如果空间有限，可以选择一些容易养护的植物，让孩子们观察并记录植物生长过程中不同季节的变化。

2. 食育活动：与季节相关的健康饮食

活动形式：

（1）节气食物手工制作：

- 让孩子们参与做节气相关的食物，如夏至时节的凉拌黄瓜或绿豆汤，教孩子们通过食材感知节气的变化。

- 在课堂中通过讲解食材与节气的关系，让孩子们明白这些食物如何帮助应对气候的变化，增强体质。

（2）季节性水果体验：

- 在城市环境下可以利用超市的季节性水果，进行水果体验活动。例如，在夏至时节，给孩子们提供西瓜、杨梅、桃子等，让孩子们了解不同季节的水果，感知它们的营养价值。

（3）节气食物的感官体验：

- 利用城市中的市场或超市，挑选不同节气对应的食材，通过视觉、味觉、嗅觉等感官，让孩子们体验节气带来的食物变化。

……

我的思考：

　　从 AI 给出的建议中，我发现"杨梅"这个元素是非常便于进行活动设计的，因此，可以围绕杨梅做一个活动设计，既适合杭州地区的节气特点，又能够解决因场地或自然资源限制的困境。

（三）第三次共生过程

提示语：

　　请设计一个可以在幼儿园中班完成的关于杨梅的食育活动。

ChatGPT：

夏日酸甜小魔法——自制杨梅果茶

活动目标

1. 认识杨梅的外形、颜色、味道及营养价值，了解果茶的简单制作过程。

2. 通过动手操作培养手部精细动作（清洗、搅拌），提升观察力与团队合作能力。

3. 感受自然食物的美好，激发对季节水果的兴趣，培养珍惜食物的意识。

活动准备

新鲜杨梅若干、柠檬 1 个切片、蜂蜜 / 冰糖少许、温水壶（40℃）、透明玻璃杯（儿童安全款）、小木勺、托盘。

辅助工具：杨梅生长图片 / 视频、围裙、儿童手套、一次性桌布。

活动流程

一、杨梅探索之旅

1. 感官唤醒

蒙眼猜果：让孩子触摸杨梅表面小凸起，闻果香，猜水果名称。

观察提问："杨梅穿什么颜色的衣服？它像什么？"（引导联想：红宝石、小刺球）

2. 自然科普

展示杨梅树图片："杨梅长在高高的树上，需要农民伯伯辛苦采摘，我们要感谢他们哦！"

趣味小知识："杨梅的'小刺'是它的果肉，每一颗都是维生素 C 的小炸弹！"

二、魔法果茶实验室

1. 教师戴手套演示清洗杨梅："轻轻搓澡，冲掉灰尘小精灵"。

2. 分发材料：每组获得杨梅半碗、柠檬 2 片、蜂蜜一小杯、温水壶。

步骤①"颜色变变变"：将杨梅放入玻璃杯，倒入温水，观察水逐渐变粉色。

步骤②"酸甜交响曲"：加入柠檬片，引导孩子轮流搅拌并闻香味。

步骤③"甜蜜密码"：自主选择是否加蜂蜜（渗透健康饮食观："少糖更天然"）。

3. 等待惊喜

利用等待时间玩"杨梅蹲"游戏（戴杨梅头饰分组蹲起），活跃气氛。

三、品茶大会

倒茶入小纸杯，幼儿集体分享，教师引导幼儿描述味道："像夏天的风一样酸酸甜甜！"

我的思考：

　　AI 生成的食育活动已经相当完整了，从认识杨梅—制作杨梅果茶—品果茶，环节设置合理顺畅。出于方便的考虑，我们把蜂蜜改为了白糖。在实施的过程中，还需要提醒幼儿洗手后才可进行制作，向幼儿说明制作食物时安全卫生的重要性。同时，不能忘记的一点是，这是一个关于杭州地区的夏至节气活动，所以在实施过程中，还需要帮助孩子了解"杨梅果茶"是杭州夏至节气的一个节令饮品。

实践效果：

　　在这次食育活动中，孩子们了解了杨梅成熟是杭州夏至节气的一个显著特征，在感官了解杨梅时，孩子们通过触摸和嗅觉对杨梅的了解会更加细致，如孩子们会说："它的形状是圆圆的，小小的。""它上面有一个一个凸起的小点点。""感觉它有点软有点凉凉的。""闻起来有点草的味道。"在果茶制作的过程中，孩子们也十分投入和认真，俨然一位位美食制作家。（图 1-3-1 ～图 1-3-4）

图 1-3-1　观察杨梅

图 1-3-2　切柠檬片

图 1-3-3　把杨梅柠檬片放在一起

图 1-3-4　放入糖

三、拓展延伸

因为节气的特点丰富多样，因此在利用 AI 帮助了解节气和设计节气活动时，需要在提示语上做好准备。

清晰准确的需求输入是关键。比如明确指出"杭州市""幼儿园中班"等限定条件，让 AI 生成的内容更具有针对性。如果需求模糊，只说设计节气活动，就难以得到契合特定场景和受众的方案。

详细的引导可提升内容质量。在设计活动时，列举活动类型如"食育活动"，促使 AI 按既定方向构思，若缺少这些引导，活动设计可能偏离预期。

文中列举了与 AI 共生产出的关于杭州地区的夏至节气，这样的共生过程可以适用于其他任何地区的任何节气。除此之外，民俗节日的相关教育活动也可以是同样的思考路径。

案例贡献者

鹿 伟

年级组教研组长 &
班主任老师
2019 年 7 月 1 日加入云谷

1-4 使用 AI 助力"太阳光和影子"的方案教学活动设计

适用场景	在生成性教学活动中协助撰写教学活动设计
推荐工具	ChatGPT 等自然语言对话模型
推荐理由	生成性教学对教师的要求较高，让 AI 和人脑一起工作时，可以大大减少教师在梳理环节流程时耗费的精力，并且能为新手教师提供一些思路和启发。

一、背景介绍

　　生成性方案活动是幼儿园课程实施中的重要组成部分。在方案教学中，教师会进行有准备的环境创设，并鼓励孩子自主观察和发现问题。AI 能够快速整合教师关于班级生成性教学的线索，例如孩子的已有经验和教师的教学目标，形成一个以目标为导向的教学互动，并与教师共创，进行可持续性的教学设计。

二、共生过程

　　班级正在开展有关"太阳的魔法"的方案教学。针对孩子提出的问题"太阳为什么东升西落"，我们设计了"有准备的环境"：在教室门口的向阳面布置彩色透光片。阳光下，影子不断发生变化，引发孩子的观察与思考。于是，我们尝试与 AI 共创方案教学中的教学设计。

与 AI 完整
对话 1-4

（一）第一次共生过程

> 提示语：
>
> 　　教师们在教室门口放了一些彩色透光片，因为太阳和地球相对位置的变化，影子的大小和方位发生了变化，我们决定开展一个教学活动，聚焦于太阳和影子

的关系，请帮忙设计 5—6 岁孩子的探究活动，包含教师前期的引导以及分组的方式和内容以及所需材料。

ChatGPT：

探究活动设计：太阳与影子的秘密

活动目标：

- 让孩子们了解太阳和地球相对位置的变化如何影响影子的大小和方向。
- 培养孩子们的观察能力、逻辑思维和合作意识。

一、活动引导（前期准备）

1. 引发兴趣

- 讨论话题：教师可以提问："你们有没有发现影子有时候长，有时候短？它为什么会变呢？"
- 故事导入：讲述一个关于"影子国王"的故事，介绍影子会随着太阳的位置变化而变化，引发孩子们的好奇。

2. 观察与记录

- 观察点：教师在教室门口放置彩色透光片，让孩子们在不同时间段（早上、中午、下午）观察彩色影子的大小、方向和颜色变化。
- 问题引导：鼓励孩子们描述："现在影子有多长？""影子往哪个方向？""为什么影子的颜色也有变化？"

二、活动设计

1. 小组分工

- 影子大小组、影子方向组、色彩变化组

2. 所需材料

- 透光片（多种颜色）
- 白纸（用于追踪影子形状）

……

三、活动流程

1. 引导观察与记录

- 时间节点：安排孩子们在同一天内的不同时间段，观察并记录影子的变化。
- 影子描绘

2. 小组讨论与推测

- 每组完成观察后，教师引导他们回到教室，讨论问题：
  - "影子什么时候最长？什么时候最短？"
  - "影子为什么会变方向？"
  - "不同颜色的透光片下，影子有什么不同？"
3. 实验验证
- 通过手电筒模拟太阳光，孩子们可以在教室里进行影子实验。

四、成果分享与总结

1. 成果展示、总结

2. 延伸活动

- 影子剧场
- 影子日记

五、教师反思与家长反馈

- 通过观察记录和小组讨论，教师可以了解每个孩子在活动中的参与程度和思维发展。
- 鼓励家长与孩子在家中观察影子的变化，延续探究主题。

这个活动将科学探究与日常观察结合，帮助孩子们在游戏和实验中理解自然现象。

（二）第二次共生过程

我的思考：

　　看完之后我觉得整体活动很丰富，但教学设计内容非常长，涉及的内容感觉在一次教学活动中来不及完全实现，我想让 AI 更加清晰地梳理活动的过程，对于活动的前中后进行区分。于是我进行第二次对话。

提示语：

　　这个活动听起来不只是在一个集体活动中可以开展的，你能详细梳理下前期准备、具体的活动过程以及活动后的延伸探究吗？

ChatGPT：

探究活动：太阳与影子的秘密

前期准备

1. 环境布置

2. 在教室门口或户外选择一个阳光充足的区域，放置以下材料：

- 彩色透光片、观测标志、影子观察区

3. 材料准备

- 实验材料：彩色透光片、镜子、三棱镜、水盆、白纸、黑纸、尺子、记号笔、蜡笔。
- 记录工具：观察记录表、时间标尺、方位标志。

4. 学生预热

- 故事导入：通过"影子国王的故事"引导孩子们关注影子变化，激发他们的好奇心。
- 问题引导：向孩子们提问："影子为什么会变长或变短？"

......

具体活动过程

阶段一：集体引导与观察

......

阶段二：小组探究与实验

1. 分组实验

- 将孩子们分为以下小组，每组聚焦一个探究方向：
    - 影子大小组、影子方向组、色彩变化组

2. 实验操作

3. 实验记录

- 孩子们将实验过程中发现的规律用图画或符号记录在白纸上，并绘制自己的实验示意图。

阶段三：集体分享与讨论

1. 成果展示

- 各小组展示自己的实验示意图，分享他们的发现："我们发现上午的影子最长，到了中午最短！"

......

2. 教师总结

活动后的延伸探究

延伸活动 1：影子日记

- 家庭任务：邀请孩子们在家记录一个物体影子一天中的变化（比如上午、中午、下午的影子长度和方向），并带到课堂与大家分享。

延伸活动 2：影子剧场……

延伸活动 3：影子游戏……

反思与家长沟通

- 反思：教师可以观察每个孩子在探究过程中的表现，记录他们的提问、合作及观察能力。

家长反馈：通过活动记录与照片分享，让家长了解孩子们的探究过程，鼓励家长在家中陪伴孩子一起观察自然现象，延续学习的热情。

（三）第三次共生过程

我的思考：

这一次我感觉教学活动的流程更加清晰了，能够体现出不同阶段教学的重点。但是由于本次教学的目标更加聚焦于阳光和影子的变化之间的关系，于是我进一步把自己的想法告诉AI。

提示语：

我想要聚焦于影子观察的活动启发孩子们先观察影子变化猜测影子变化和太阳的关系，再设计实验并根据观察表进行观察。

ChatGPT：

影子国王的故事（聚焦版）

故事背景

在很久很久以前，有一个神秘的影子王国……（略）

目标

- 通过故事和实际观察，让孩子们发现影子变化与太阳位置的关系。
- 引导孩子们设计实验，验证猜测并记录影子变化数据。

活动流程

1. 故事引导与提问

……

2. 前期观察

（1）观察任务布置

不同时间段（早上、中午、下午）观察影子的变化。

（2）影子记录表

孩子们使用以下表格记录影子变化：

时间	影子长度	影子方向	影子形状	备注
早上				
中午				
下午				

（3）鼓励猜测

引导孩子们根据记录猜测：

3. 设计实验

……

4. 实验验证与记录

……

5. 分享与讨论

……

活动延伸

影子变化日记、创意影子画、影子游戏

（四）第四次共生过程

我的思考：

　　看到 AI 这一次生成的小组活动，我感觉离我想要的教学设计方案越来越近了。但是，看到小组活动中有不少在固定时间（如早、中、晚）进行的观测任务，其中有的测量难度大，于是我想让 AI 将活动设计调整得更加简单一点，便进行了第四次共生对话。

提示语：

　　整体活动难度偏高，能不能调整得更加简单、可操作一些？

ChatGPT：

简化版活动设计：太阳与影子的秘密

目标

- 通过简单观察与实验，让孩子们发现影子的长度和方向与太阳位置的关系。
- 培养孩子们的基础观察能力和简单的科学思维。

活动流程

1. 引导阶段

（1）故事导入

（2）户外观察准备

教师带领孩子们来到阳光充足的地方，选择一个固定物体（如树、柱子、玩具）。

2. 观察活动

（1）观察任务

孩子们在早上、中午、下午三个时间段，用粉笔在地面上描绘固定物体的影子轮廓。

（2）记录变化

简化版观察记录表

时间	影子长度（长／短）	影子方向（用箭头标注）
早上		
中午		
下午		

3. 实验环节

（1）简单实验：手电筒模拟太阳

在教室内，用手电筒模拟太阳光，调整角度照射玩具。

● 高角度（模拟中午太阳）：影子短。

● 低角度（模拟早晨和下午太阳）：影子长。

（2）孩子操作

每个孩子轮流用手电筒对物体进行照射，并观察影子的长度和方向。

4. 讨论与总结

活动延伸

……

简化亮点

● 减少理论讲解，增加直接观察。

……

实践效果：

在实际的教学活动过程中，我进行了一些调整。通过查阅资料，我找到了更有趣的故事《阿凡提买树荫》，并结合教室的光影盒子操作，让孩子们能够更直观地体验到影子位置的变化，从而极大地激发了他们的操作兴趣。许多孩子在操作环节兴奋地与我分享："老师，我知道你是怎么让巴依老爷的树影移动了！你改变了手电筒的角度！手电筒的高度变了，影子也变了！"最终活动过程主要包括：光影故事导入和分组进行光影观察。结合 AI 关于活动的建议如：创意影子画、影子游戏等，我将一些活动设计成光影记录册，采取家园合作的方式，请孩子们带回家完成。小朋友们完成得很不错也很有兴趣，从家长的反馈来看，家长也愿意支持这样在家庭中进行延伸的家园合作趣味探究活动。（图 1-4-1）

图 1-4-1　教学活动现场和小组活动孩子探究

以下是根据 AI 建议设计的家园共育的延伸活动——太阳光影记录册（部分孩子作品页面）。（图 1-4-2、图 1-4-3）

图 1-4-2　光影记录册扫描 1

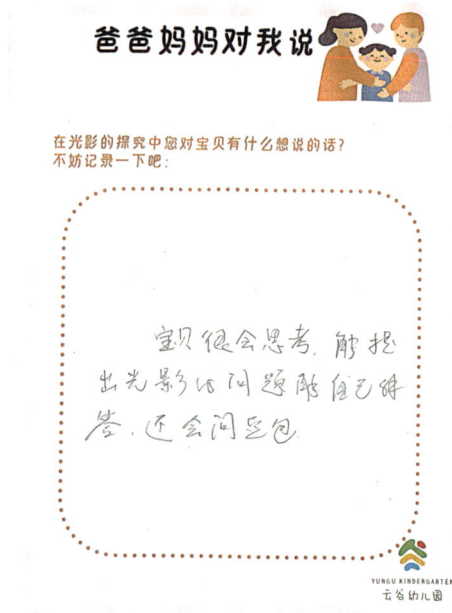

图 1-4-3　光影记录册扫描 2

三、拓展延伸

与 AI 备课的过程是互动调整的过程。我在与 AI 共生中不断提出建议和限制词，AI 通过抓取关键词调整回答，例如设计表格模板、分阶段写课程设计、提供材料清单等。教师在对话中也可以修改指导语，或发现新需求后调整指导语，提出"聪明"的问题以获得"聪明"的回答。

AI 有其局限之处，教师在使用过程中需要保持独立思考，发挥创造性。例如，我认为 ChatGPT 提供的故事《影子王国》与实际的阳光和影子变化原理契合度不够，逻辑性欠佳，且缺乏趣味性。作了调整后，活动实施效果如前文所述达到预期。

AI 对于"可操作性"的理解同样有限，因为每个学校、幼儿园的生活节奏与课程安排各不相同。在本次活动中，ChatGPT 提出了许多活动建议，但其中一些活动因需要花费较长时间，或受师生比限制，难以开展高质量的分组教学。因此，教师需要灵活地选取合适的活动提案。在这个案例中，我最终采用了光影故事导入和分组进行光影观察的活动设计。同时，我将部分活动设计成可带回家的记录册，让孩子长期观察并完成，家长也可参与陪同，进行家园共育的探究活动。

总的来说，AI 能够迅速制定出契合教育教学及幼儿心理发展规律的活动设计框架，为教师开展活动提供灵感，同时在提供表格模板、梳理所需材料等方面，也能节省教师大量的备课时间。它就像一位可以共同探讨交流的同事，尤其有助于提升新手教师开展生成性教学活动的能力。

案例贡献者

花　林

班级老师

2021 年 6 月 1 日加入云谷

1-5 使用 AI 助力方案活动设计：让"艾玛"的方案活动精彩纷呈

适用场景	方案活动产生之初或方案活动结束之时的展示活动中，可帮助教师拓展设计思路
推荐工具	钉钉 AI 助理
推荐理由	AI 可以帮助幼儿园教师设计适合不同年龄段幼儿兴趣和特点的系列探究活动，还可以帮助教师搜集课程资源，拓展认知范畴，打开教师的课程设计思路，设计生成适合幼儿兴趣的方案活动，从而推动方案的顺利开展。

一、背景介绍

方案活动源于幼儿生活，基于幼儿兴趣，是幼儿园重要的教学形式之一。然而，它灵活多变的特点给教师带来了挑战：当幼儿对某一事物产生兴趣时，如何制定方案活动计划？

二、共生过程

（一）第一次共生过程

中班幼儿非常喜欢阅读英国作家大卫·麦基的《艾玛》系列绘本，喜欢听《艾玛》系列绘本的语音故事，所以我们想设计"艾玛"方案活动。在了解他人的课程实施活动后，我们发现有些艾玛主题活动把重点放在了艺术表达上，有些艾玛主题活动把重点放在了游戏设计上。通过观察幼儿日常生活中表现出的兴趣和需要，我们想把重点放在幼儿的社交上。

> **提示语：**
>
> 请帮我设计一个方案的系列活动，要求：1. 基于英国作家大卫麦基《艾玛》系列绘本；2. 适合中班上学期幼儿的年龄特点；3. 以幼儿社会交往为行进线索。

钉钉 AI 助理：

好的，基于大卫·麦基的《艾玛》系列绘本，我们可以设计一系列适合中班上学期幼儿的社会交往活动。以下是一个详细的活动方案：

活动主题:《艾玛》与朋友们

一、活动目标

情感态度：培养幼儿的自信心和自我认同感。

社会交往：提高幼儿在集体中的合作能力和社交技能。

语言表达：通过故事讲述和角色扮演，增强幼儿的语言表达能力。

认知发展：理解多样性和包容性的重要性。

二、活动准备

绘本材料:《艾玛》系列绘本

道具：彩色纸、彩笔、剪刀、胶水、动物头饰等

环境布置：教室布置成森林场景，有树木、草地等背景

三、活动内容及步骤

活动一：认识艾玛

时间：第一周

目标：让幼儿了解艾玛的特点和性格。

活动步骤：

阅读绘本：老师带领幼儿一起阅读《艾玛》的第一本绘本，介绍艾玛是一只特别的大象。

讨论分享：讨论艾玛与其他大象的不同之处，引导幼儿发现每个人都有自己的特点。

绘画创作：让幼儿画出自己心中的艾玛，并分享他们的作品。

活动二：艾玛的新朋友

时间：第二周

目标：学习如何结交新朋友。

活动步骤：

阅读绘本：继续阅读《艾玛》系列绘本，讲述艾玛如何结交新朋友的故事。

角色扮演：分组进行角色扮演，每个小组选择一个故事片段进行表演。

互动游戏：玩"找朋友"游戏，让幼儿在游戏中学会主动与他人交流。

活动三：艾玛的烦恼

时间：第三周

目标：学会理解和处理情绪。

活动步骤······

活动四：艾玛的生日派对

时间：第四周

目标：体验合作与分享的乐趣。

活动步骤······

四、活动延伸

家园共育：请家长在家里也读一些关于友谊和社交的绘本，鼓励幼儿在生活中多与人交往。

环境创设：在班级内设置一个"艾玛的朋友圈"，展示幼儿的作品和活动照片。

五、评估反馈

观察记录：老师通过观察幼儿在活动中的表现，记录他们在社会交往方面的进步。

家长反馈：定期向家长反馈幼儿在活动中的表现，听取家长的意见和建议。

　　结合 AI 的建议和我们自己的思考，我们保留 AI 建议的"认识艾玛"的部分，并拓展了解"艾玛宇宙"中各种各样大象的特点和性格特征，通过系列的活动，幼儿对"艾玛宇宙"充满好奇心和探究欲。活动具体如图 1-5-1～图 1-5-3。

图 1-5-1　和艾玛在一起

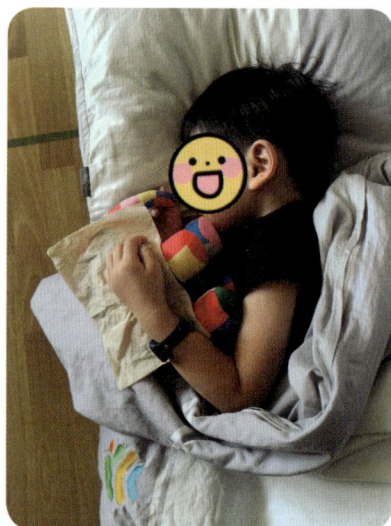

图 1-5-2　和艾玛在一起

图 1-5-3　你为什么喜欢艾玛

（二）第二次共生过程

我的思考：

　　第一次互动后，我大致上认同 AI 给出的思路，但我觉得 AI 设计的活动时间还是常规主题活动的一个月，而我认为探究艾玛如何获得友谊可能是这个方案活动的重点，因此给出了新的提示语。

> **提示语：**
>
> 　　我希望将"活动二：艾玛的新朋友"这一板块再拓展一下，详细设计 5—10 个形式多样的活动，充分探讨"大象艾玛是如何获得友谊的"这一话题。

> **钉钉 AI 助理：**
>
> **活动一：故事分享会**
>
> 目标：通过集体阅读和讨论，让幼儿理解艾玛如何与新朋友建立联系。
>
> 步骤：
>
> 1. 教师带领孩子们一起阅读《艾玛》的故事。
>
> 2. 读完后，引导孩子们讨论艾玛在故事中做了哪些事情来结交新朋友。
>
> 3. 鼓励孩子们分享自己结交新朋友的经验。
>
> **活动二：角色扮演**
>
> 目标：通过角色扮演，让幼儿体验艾玛和其他角色的情感变化。

步骤：

1. 分配角色（如艾玛、其他大象、小鸟等）。

2. 准备简单的道具（如头饰、服装）。

3. 孩子们分组进行角色扮演，再现故事中的情节。

4. 表演结束后，讨论每个角色的感受和行为。

活动三：绘画创作

目标：通过绘画表达对友谊的理解。

步骤：……

活动四：友谊卡片制作

目标：通过制作友谊卡片，培养孩子们的社交技能。

步骤：……

活动五：小组合作游戏

目标：通过团队合作游戏，增强孩子们的合作意识。

步骤：……

活动六：情景模拟

目标：通过情景模拟，让幼儿学习如何处理社交中的问题。

步骤：……

活动七：情感表达工作坊

目标：帮助幼儿学会表达自己的情感。

步骤：……

活动八：友情小剧场

目标：通过戏剧表演，深化对友谊的理解。

步骤：……

活动九：感恩圈

目标：培养孩子们的感恩之心。

步骤：……

活动十：亲子共读

目标：通过亲子共读，加强家庭与幼儿园的联系。

步骤：……

这些活动不仅能够帮助幼儿更好地理解《艾玛》系列绘本中的友谊主题，还能通过多种形式的互动，促进他们的社会交往能力的发展。希望这些建议对你有帮助！

结合 AI 的建议和我们自己的思考，我们将大量的笔墨放在"发生友谊的秘密"及"如何建构自己的社交网"上，用艾玛的好办法来解决孩子自己生活中的实际问题，艾玛系列活动具体如图 1-5-4 和图 1-5-5。

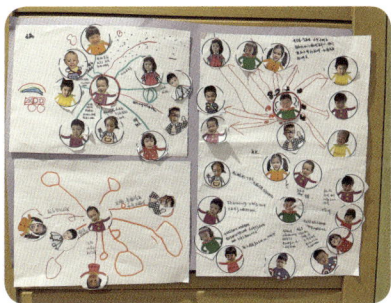

图 1-5-4　朋友地图

图 1-5-5　什么东西可以分享给别人，而自己也不会少？

（三）第三次共生过程

我的思考：

终于到了方案活动的高潮展示环节，我们想设计一个艾玛节作为方案活动的总结。老师们在一起讨论后，有一个初步框架，但还想询问 AI，看看能不能优化自己的想法。于是我和 AI 进行了第三次对话。

提示语：

请帮我们设计一个"艾玛节"作为方案活动最终的展示，要求如下：1. 希望参与这个方案活动的孩子、爸爸妈妈和幼儿园的其他朋友还有老师们都能一起参与。2. 时间是晨间时段一个小时。3. 内容是有角色扮演，还有站点游戏等。4. 基调是"和朋友在一起真快乐"。5. 不要颁奖和主持人致辞等比较官方的流程。

钉钉 AI 助理：

艾玛节——和朋友一起乐翻天

活动时间

● 时间：上午 9：00—10：00（建议选择天气晴朗的日子）

参与对象

● 幼儿园全体小朋友、孩子们的爸爸妈妈、幼儿园教师及工作人员

活动地点

● 幼儿园操场或多功能厅（根据天气情况灵活调整）

活动基调

● "和朋友在一起真快乐"，通过一系列轻松愉快的游戏和角色扮演，增强彼此间的友谊，营造温馨和谐的氛围。

活动流程

1. 签到入场（8：45—9：00）

● 设置签到处，并为每位参与者发放小礼物（如彩色气球）。

2. 开场舞（9：00—9：05）

● 几位教师带领大家一起跳一段简单有趣的舞蹈，作为热身快速拉近大家的距离。

3. 角色扮演时间（9：05—9：20）

● 提前准备好各种卡通人物服装道具供孩子们自由选择穿戴。

● 鼓励家长们也参与到角色扮演中来，增加亲子间的互动乐趣。

● 留出几分钟让大家互相欣赏彼此装扮并拍照留念。

4. 站点游戏环节（9：20—9：50）

● 设立多个游戏站点，每个站点都有不同的小游戏等待着大家去挑战。

● 传球接力赛：分组进行，使用软绵绵的球类玩具传递给下一个人。

● 找朋友：播放音乐时所有人围成圈走动，音乐停止后需找到人握手或拥抱。

● 创意画画墙：提供大白纸和彩笔，邀请大家共同创作一幅关于友情主题的作品。

● 猜谜语：设置一些简单的谜语让孩子们猜测答案，答对者可获得小奖品。

● 游戏过程中强调团队合作精神，鼓励相互帮助和支持。

5. 自由交流时间（9：50—10：00）

● 在活动接近尾声时，预留一段时间让大家自由交流感受，分享自己最喜欢的瞬间。

● 同时可以准备一些小零食供大家享用，促进更加轻松愉悦的氛围。

注意事项

● 确保所有活动安全无虞，特别是对于年龄较小的孩子来说要特别注意保护措施。

● 根据实际情况调整场地布置及所需物资准备。

● 活动前后做好清洁卫生工作，保持环境整洁。

　　结合 AI 的建议和我们自己的思考，我们大致保留了 AI 设计的活动流程，创设的"艾玛节"内容包括站点游戏、大游行和跳舞（并听取了 AI 建议，增加了家长和孩子们一起跳舞的环节），但删除 AI 建议的食物分享部分。关于具体的站点游戏内容，我们决定让孩子们自己来设计，通过团体讨论和小组讨论等方式来决定具体的游戏内容、角色分工和站点玩法等。具体活动如图 1-5-6 ～图 1-5-18。

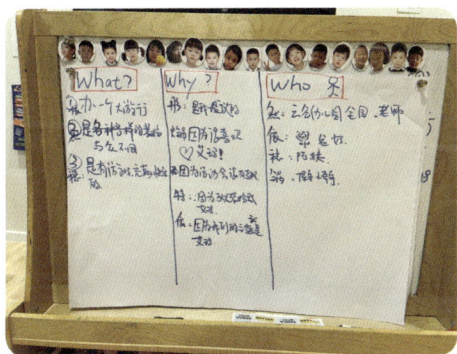

图 1-5-6 "艾玛节"讨论（5W+1H）

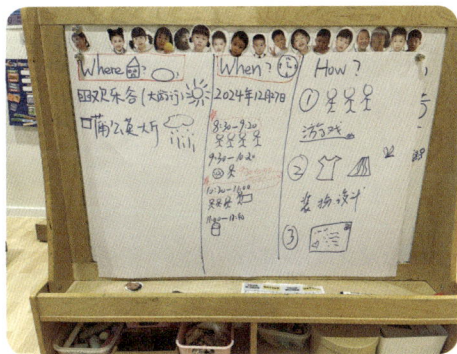

图 1-5-7 "艾玛节"讨论（5W+1H）

图 1-5-8 站点游戏讨论

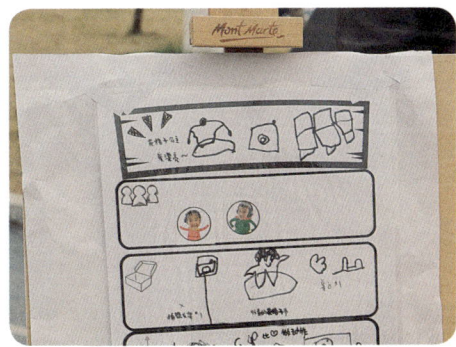

图 1-5-9 来自绘本的站点游戏

图 1-5-10 为"艾玛节"准备游行
装备——衣服

图 1-5-11 为"艾玛节"准备游行
装备——衣服

图 1-5-12　为"艾玛节"准备——大象头套

图 1-5-13　大象头套

图 1-5-14　"艾玛节"的站点游戏

图 1-5-15　"艾玛节"的站点游戏

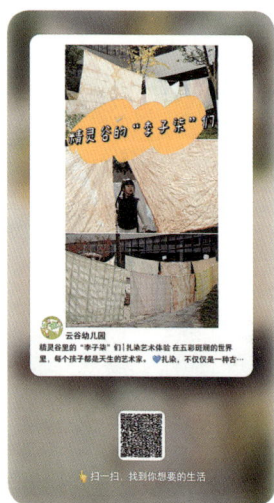

图 1-5-16　染布报道

图 1-5-17　"艾玛节"海报

图 1-5-18　"艾玛节"报道

三、拓展延伸

　　我和 AI 一起设计了"艾玛"的方案活动，发现 AI 能帮我打开思路，是一个可靠的方案课程顾问，虽然我没有完全照搬 AI 的设计思路，因为我们实际场景和孩子的情况可能和 AI 世界有不一样的地方，但它提供的文案着实起到了一个借鉴和参考的作用，把我没有想到的系统化，把我们想到的丰富化。在多次互动以后，我觉得 AI 是教室里第三位教师，正逐渐成为一个可以信赖的伙伴。

　　幼儿园教师在方案活动实施前和实施过程中会进行审议，我们可能需要和搭班教师进行头脑风暴、翻阅他人的著作、查看备课系统或登录小红书，此外，借助 AI 也是一个非常好的办法，尤其是当面对一个区别于国庆节、端午节或重阳节等中国传统节日的时候，那些我们不怎么熟悉的、由孩子们原创的节日，AI 绝对是教师的有力助手。

案例贡献者

苏丹青

班主任老师

2019 年 2 月 16 日加入云谷

1-6 从幼儿问题出发使用AI梳理"太阳的魔法"的方案活动行进路径

适用场景	方案行进路径的梳理、方案活动孩子的兴趣点聚焦
推荐工具	ChatGPT
推荐理由	AI 能够对幼儿的问题进行系统梳理与精准总结，并以逻辑图的形式直观呈现，大大节省了教师用于整理和分析幼儿问题的时间成本；我们可以根据 AI 在追踪相关教学资源时生成的逻辑图以及给出的建议，与其展开深度协作，共同创建课程。

一、背景介绍

在方案教学活动中，精准把握并有效聚焦幼儿的兴趣点极为关键，而这通常源于大多数幼儿所提出的问题。然而，幼儿提出的问题往往繁杂多样、各不相同。在此情形下，若借助与 AI 进行对话，由其对这些问题予以梳理并实现聚焦，能显著节省时间成本，并通过获取丰富的资源，得到极具价值的教学活动开展的建议，进而拓宽教学思路，提高教学质量。

二、共生过程

幼儿在"太阳的魔法"方案活动中用图画记录了关于"太阳"的问题，教师用文字辅助记录。但 ChatGPT 不具备 OCR（光学字符识别 Optical Character Recognition 的缩写，它是一种用于从图像中提取文字的技术）功能，于是在 ChatGPT 的建议下先使用苹果手机 OCR 工具，不过导出来的文字比较混乱。于是，请 ChatGPT 根据文字再次识别问题并梳理。

（一）第一次共生过程

提示语：

　　这是大班的孩子们提出的问题的图片，请帮助识别出文字内容。

与 AI 完整
对话 1-6

图 1-6-1　幼儿问题汇总图

ChatGPT：

如您方便，可以手动输入或使用其他 OCR 工具将图片中的文字转换为文本。我会
帮助您整理这些问题，去除重复项并提供清晰的列表。

（二）第二次共生过程

我的思考：

　　原来 ChatGPT 不具备 OCR 功能，不过 ChatGPT 给了个好建议，我先使用苹果手
机 OCR 工具将所有文字导出。

提示语：

　　下面是导出的问题的内容，请帮助整理：原子是从太阳来的吗？太阳里有人
吗？太阳为什么很热？紫外线对人有什么伤害？为什么太阳能让人开心？宇宙飞
船飞过太阳不安全，为什么？为什么太阳能把水晒干？太阳为什么有光芒？太阳
为什么可以让冰和雪融化？行星会撞到太阳吗？……

ChatGPT：

以下是整理后的幼儿园孩子提出的所有问题，并去除了重复项：

原子是从太阳来的吗？

太阳里有人吗？

太阳为什么很热？

紫外线对人有什么伤害？

为什么太阳能让人开心？

宇宙飞船飞过太阳不安全，为什么？

......

（三）第三次共生过程

我的思考：

　　ChatGPT 帮助总结了孩子们的问题，有太阳的起源、特性、作用以及与地球和紫外线的关系。问题已经梳理，和我的想法有相似，接下来我需要告诉 ChatGPT 我目前做了什么，让它给我一些更适合的建议。

提示语：

　　经过上次的实验，我们通过一个视频了解了什么是紫外线，孩子们对于紫外线有了更多的认识，教师问孩子们：关于太阳你知道什么？你的问题是什么？如上面所示，我们收集了许多孩子们的问题。基于孩子们的问题，你有什么关于项目活动开展的建议吗？

ChatGPT：

孩子们提出了许多丰富而有趣的问题，涵盖了太阳的起源、结构、特性、与地球的关系，以及紫外线的作用等多个方面。这些问题展示了孩子们对太阳的强烈好奇心，也为后续的项目活动提供了丰富的探究方向。以下是一些建议，可以帮助教师引导孩子们更有系统地深入探究这些问题。

1. 将问题分主题进行探究

主题划分：将孩子们的提问按主题进行分类，可以帮助他们更有条理地理解太阳的各种特性，并保持探究的连贯性。以下是一些可能的主题分类：

太阳的起源与结构

太阳的能量与光的关系

太阳与地球的关系

紫外线的特性与影响

活动安排：每个主题可以安排一周或几天的时间深入探究，并根据孩子的兴趣继续挖掘下去。这样能够系统地覆盖孩子们的问题，也使项目有更多的层次感。

2. 利用模型、实验和户外观察

太阳系统模型：

实验探索：

紫外线实验：通过 UV 珠子或 UV 检测纸在不同天气条件下（晴天、阴天）观察紫外线的变化，让孩子们理解紫外线与太阳的关系。可以回答"阴天时紫外线会改变吗？"以及"为什么太阳能发射紫外线？"等问题。

光与温度实验：使用放大镜集中阳光的实验，让孩子们体验太阳光的热量。可以帮助解答"太阳为什么很热？"以及"太阳为什么可以让冰和雪融化？"的问题。

户外观察：观察太阳的升起和落下，可以帮助孩子们理解"太阳为什么东升西落？""为什么有时候有太阳，有时候没有太阳？"等现象。还可以让孩子们观察彩虹和阴影，探索太阳光如何穿透玻璃、产生彩虹等现象。

3. 视频和动画的辅助学习

太阳和宇宙的动画

宇宙飞船与太阳的安全

紫外线的性质

4. 角色扮演和情境模拟

角色扮演：小小科学家

科学探险模拟

5. 生成性提问与延展

问题生成讨论：鼓励孩子们在每个探究主题结束后提出新的问题，逐步拓展他们的知识领域。

儿童图书和科普资源：可以选择一些适合孩子的科普读物或视频，让他们自主探索一些简单的问题，提升自我探究能力。

6.总结和反思：构建太阳知识体系

项目成果展示

反思时间

具体的项目活动框架建议

第 1～2 周：太阳的基本知识——了解太阳的起源、结构、大小等基本特征。

第 3～4 周：太阳的能量与光——探索太阳光、紫外线及其对地球的影响。

第 5～6 周：太阳与地球的关系——研究地球围绕太阳旋转的原因，太阳对气候、天气的影响。

第 7～8 周：紫外线的特性与影响——探索紫外线的性质，对人类的影响及防护措施。

第 9～10 周：太阳的变化和未来——讨论太阳的未来演变，了解恒星生命周期。

总结

通过主题划分、模型与实验结合、视频和角色扮演等多种方式，可以帮助孩子们更系统、深入地理解太阳的特性和与地球的关系。这种引导方式不仅能够满足他们的好奇心，还能够培养他们科学探究的能力和知识体系的建立。

（四）第四次共生过程

我的思考：

　　ChatGPT 给了很多建议，其亮点在于给出的建议后面都匹配了所回答的是孩子们的哪些问题，且提出了一些适合大班幼儿开展的活动，比如：UV 珠的紫外线实验、光与温度的实验、户外观察太阳等，通过 UV 珠来观察紫外线，这是我没有想到的。此外，它还给出了具体的项目框架、具体的时间线，可以让我去设想每个阶段可以开展哪些相关的活动。不过我需要更多相关的资源开展活动，做出"有准备的环境"帮助孩子激发兴趣去探究。

提示语：

　　有没有好的资源或环境创设的建议？

ChatGPT：

在环境创设和资源方面，以下是一些建议，可以帮助孩子们更好地沉浸在"太阳"主题的探究中，激发他们的好奇心和参与感：

1. 资源建议：

● 科学实验工具

UV 检测工具：UV 珠子、UV 检测纸或 UV 手环

太阳能玩具：如太阳能风车、太阳能小车等

光学工具：三棱镜、放大镜、滤光片（尤其是彩色滤光片）

温度计：在不同时间段测量阳光下的温度变化

● 科普书籍和绘本

关于太阳和宇宙的绘本：如《太阳的秘密》《小太阳的大冒险》《我从哪里来？》

科普杂志或资料卡片：可以为孩子们提供关于太阳、光谱、紫外线等简化的科普知识。

● 科普视频资源

NASA 或 ESA 的儿童版科普视频

儿童科学节目：比如《Sid the Science Kid》《Magic School Bus》（《神奇校车》）

● 数字互动资源

太阳系互动应用：一些应用程序（如 Solar Walk、Star Walk 等）提供太阳系和恒星的三维互动模型

紫外线与光的虚拟实验

2. 环境创设建议：

● 科学探究角

主题展示墙：在教室内布置一个"太阳与光"的展示墙，可以张贴孩子们提出的问题、探究过程中收集的图片、观察记录和一些有趣的太阳知识卡片。

实验观察区：布置一个紫外线和太阳光实验角，放置紫外线检测工具、温度计、UV 珠子和各种滤光片。

● 互动性主题区

太阳系模型展示区：在教室的一角放置一个太阳系模型（可以是吊挂的行星模型），并将太阳放在显眼的位置。

光影实验区：布置一个小型的光影实验区，提供手电筒、三棱镜、彩色滤光片等

工具，让孩子们通过动手实验观察光影的变化，理解光的特性。

● 观察记录区

太阳观测日记：给每个孩子准备一本"太阳观测日记"，引导他们在不同天气、不同时间记录对太阳的观察（如影子的变化、太阳光的温度等）。

问题探索卡片：为孩子们提供一些小卡片，让他们记录在探究过程中产生的新问题。

● 情境模拟区

宇宙探险角：可以布置一个"宇宙探险"情境区，让孩子们扮演宇航员，模拟飞向太阳的场景。

防晒实验角：布置一个"防晒实验"情境，让孩子们了解如何防护紫外线。

● 户外活动设计

阳光下的影子观察：在一天中的不同时间段带孩子们到户外观察自己的影子，并在地面上标记影子的长度和方向。

阳光与温度探测：在户外放置温度计，记录不同时间的温度变化。

3. 总结与延伸

太阳知识成果展示：定期开展"太阳知识展示日"，孩子们可以分享他们的观察记录、实验结果、手绘的太阳知识图等。可以邀请家长一同参与，鼓励孩子们展示自己的学习成果。

问题墙与延伸探究：将孩子们在探究过程中提出的所有问题汇集成一个"问题墙"，并标记出已经解答的问题和待解答的问题。

实践效果：

　　通过和 ChatGPT 对话，我梳理出了本次方案活动的逻辑图；创设一些"有准备的环境"，比如太空桌和太阳的知识墙；选择开展一些有特色的活动，比如 UV 珠的紫外线实验、棉花糖烤炉实验等来感受太阳的热能。（图 1-6-2～图 1-6-5）

　　孩子们可以在太空桌玩耍，在知识墙观察和了解太阳的相关知识；通过观察 UV 珠颜色的变化来感受紫外线的强弱；观察棉花糖的变化来感受太阳的热能。（图 1-6-6～图 1-6-9）在这个过程中我的思路比较清晰，每次的活动都会追问，激发孩子们的探索兴趣；孩子们在活动中了解有关太阳的知识，并在知识基础上提出更有趣的问题，在活动中去探索和发现，保持高度的兴趣。

方案缘起
- 滴胶为什么会凝结？紫外线是什么？手电筒的光和太阳光有什么不一样？
- 班级孩子对于图书角的光影游戏出现探索兴趣

目标预设
- 探究能力：观察、对比、实验、推理
- 情感态度和价值观：萌发热爱环境和大自然的情感，好奇心和探索欲
- 知识和大概念：能量、系统、变化及其规律、关系、模型、相互作用

太阳

反思

团讨：滴胶为什么会凝结？紫外线是什么？——实验

方案路径
- 关于太阳的KWL
- 太阳光 颜色 反射 光和影等科学现象
- 太阳本体和地球关系乃至宇宙
- 太阳能源 光热 光电转换
- 清洁能源与环境保护
- 太阳光与人类生活的关系 （正反两面）
- 成果：将学到的本领解决生活中的问题

外出资源：杭州科技博物馆/低碳博物馆

1. 太阳与地球的相互作用
内容：太阳通过照射地球影响了天气、气候、日夜交替等自然现象，地球的大气层又对太阳的能量进行反射和吸收，从而调节地球的温度。
活动：
影子的变化实验：通过观察不同时间段的影子变化，孩子们可以理解太阳光在不同时间如何与地球产生相互作用，影响我们看到的影子长度和方向。
气象模拟：用简单的材料模拟太阳对地球气候的影响，帮助孩子理解阳光、云层和大气如何相互作用。
2. 太阳与植物的相互作用
内容：太阳为植物提供光合作用所需的能量，植物通过光合作用吸收太阳光，产生氧气和有机物。这种相互作用是地球上生命存续的基础。
活动：
光合作用实验：让孩子们观察植物在阳光下和无光条件下的生长差异，帮助他们理解太阳与植物之间的相互作用。
3. 人类与太阳的相互作用
内容：人类利用太阳能来发电、加热和推动机械装置。人类设计了诸如太阳能电池板、太阳能热水器等装置，充分利用太阳提供的清洁能源。
活动：
太阳能实验：孩子们可以通过简单的太阳能装置实验（如太阳能风车或汽车），观察太阳能如何转化为其他形式的能量。通过这个活动，他们可以理解人类如何与自然资源相互作用。

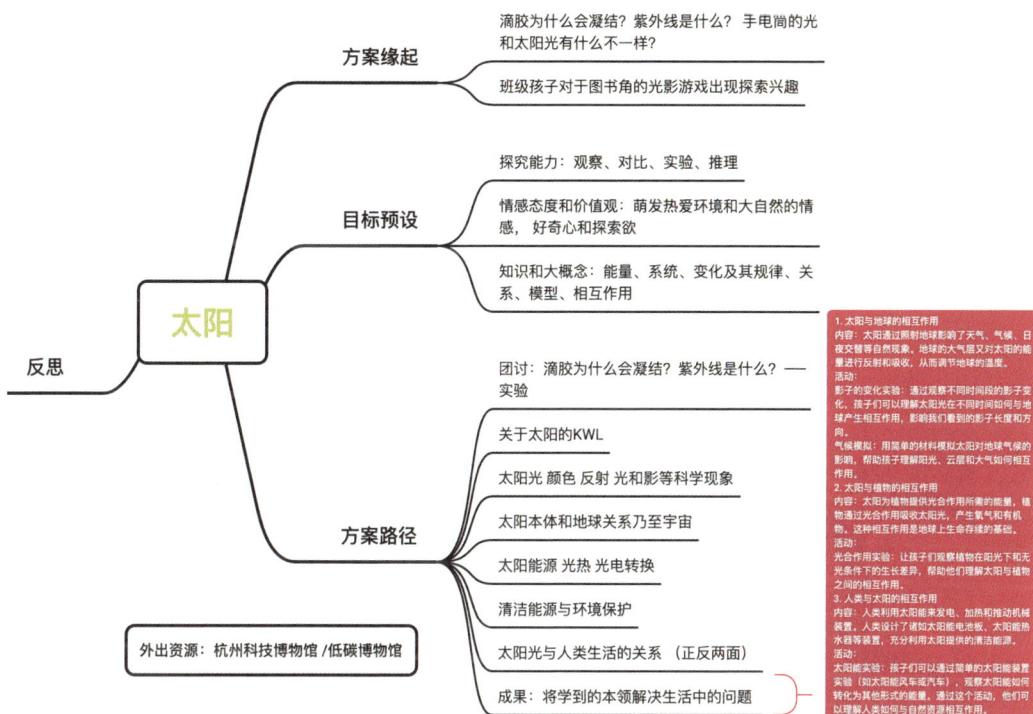

图 1-6-2　方案行进路径

图 1-6-3　有准备的环境：太空桌

图 1-6-4　孩子们在"太空桌"边开展探究活动

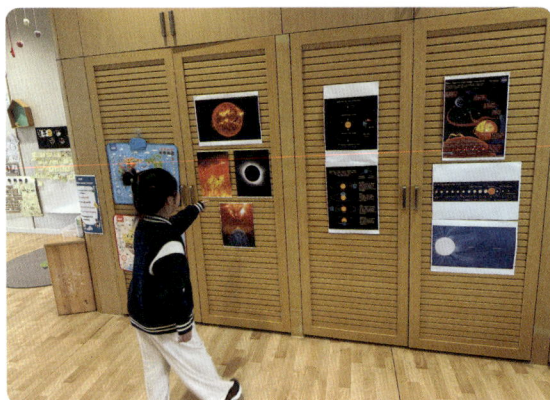

图 1-6-5 太阳的基本构造知识墙

图 1-6-6 变色的 UV 珠

图 1-6-7 寻找彩虹实验 1

图 1-6-8 寻找彩虹实验 2

三、拓展延伸

　　每一个 AI 载体的功能不同，有的可以识别图片并转化文字，有的可以生成图片，所以可以使用多种 AI 工具来进行共创，充分地利用它们不同的数据库资源。

　　和 AI 的对话要机智，比如："有没有好的资源或环境创设的建议？""你有什么项目活动开展的建议吗？"

　　AI 会提供丰富的资源和提出很多的建议，教师要通过"观察—筛选—重构"三阶策略进行本土化改造：既要捕捉孩子的兴趣点与发展需求，又要考量班级实际。

案例贡献者

李　敏

班级老师

2021 年 8 月 9 日加入云谷

2

共创美好的学习体验

2-0 钥匙：激发幼儿主动学习

在幼儿园里，孩子们总爱用稚嫩的声音问"为什么"，用五彩的画笔画出天马行空的世界。AI 的出现，让这些看似"幼稚"的提问和涂鸦有了更大的魔力——孩子的想象能够成真，涂鸦能够扭动起来。这种即时、生动的互动，让孩子感受到"我能创造""我的声音有回应"，从而更主动地探索、提问和表达。

一、AI 的核心价值

AI 为幼儿创造了不同于传统方式的学习体验，让孩子从被动接受者变成主动学习者。例如，当孩子对某些问题好奇时，不再只能寻找老师帮助，而是可以主动和 AI 进行对话，得到自己想要的答案；当他们的涂鸦被 AI 变成动画时，孩子会感受到"我的想法能改变世界"。这种即时的、可视化的互动，点燃了孩子的好奇心与表达欲，让他们更愿意提问、创造和分享。

二、AI 的使用方法

由于幼儿无法直接打字与 AI 交互，教师需充当"桥梁"，选择合适的媒介降低使用门槛。例如优先使用语音，让孩子通过说话与 AI 互动，避免文字输入障碍；或是使用现成的一些 AI 应用，给予幼儿更加生动的学习体验，并根据幼儿反应灵活调整互动方式。

三、对教师的挑战

AI 的趣味性可能让孩子沉迷"人机对话"，教师需警惕两点：

1. 防止技术依赖

设定明确规则（如每天和 AI 对话不超过 10 分钟），避免替代真实社交。

将 AI 生成的内容转化为线下活动（如 AI 讲完"昆虫故事"后，带孩子去花园找蚂蚁)。

2. 培养批判思维

当 AI 给出错误答案(如说"企鹅会飞"),引导孩子讨论:"AI 说得对吗?你是怎么想的?我们查阅其他的资料看看!"

鼓励孩子评价 AI 的作品(如"这张图里的小狗耳朵很大,你觉得合适吗?你想要画一只什么样的小狗")。

AI 能打开一扇让孩子兴奋的学习之窗,但教师必须决定何时开窗、开多大、开窗看什么——用技术激发兴趣,但不忘回归真实世界的触摸、合作与思考。只有这样,AI 才能真正成为助力儿童成长的钥匙。

2-1 让 AI 与幼儿对话：解答地震和山火的问题

适用场景	课堂、生活环节的转换时（小朋友提出问题时）
推荐工具	ChatGPT、通义千问、豆包、DeepSeek
推荐理由	1. 能快速给出正确的答案回应小朋友，丰富小朋友的经验。 2. 随时随地都能够便捷地使用。

一、背景介绍

　　儿童好奇心强，他们喜欢问为什么，他们的问题有时候在我们的知识范围内，有时候会超出我们的知识范围。在一日生活中，我们有很多环节的转换，说不准在某一个时刻，小朋友就会提出一个让教师感到为难的问题或是教师更希望小朋友能自主获得问题的答案。我们珍视小朋友的提问，所以，当小朋友问出问题，我们不妨和小朋友一起去寻找答案，利用 AI 就是一个很好的途径。

二、共生过程

　　最近，美国加州山火灾害的新闻引起了小朋友的关注，小朋友和老师讨论着这个新闻，老师也借此机会再次和小朋友们聊起安全话题："当你听到火警警报响起的时候应该怎么办？"有的小朋友说："马上捂住鼻子，看一下外面安全就跑出去。"有的小朋友说："不对，你要听到（警报）第二声响起再跑！"有的小朋友说："不对，应该马上跑。"小朋友们争论不休，于是我们打开了豆包，请它来帮助判断哪种方法是正确的。于是小朋友向豆包提出了自己的疑问。

（一）第一次共生过程

提示语（小朋友）：

哪一种危险来了第二声（警报）才跑啊？

豆包：

通常在地震演练中，第二声警报响起才开始撤离到安全地带。在地震发生时，第一声警报响起时，幼儿需要快速找到附近的"安全三角区"进行躲避；第二声警报响起时，才快速有序地撤离到操场空旷地带。

但在实际生活中的其他危险情况，并没有统一规定哪种危险是第二声才跑，大多是在确认危险后需要尽快采取行动逃离或躲避。

听完豆包的回复后，小朋友们知道了是地震发生时听到第二声警报才跑。但小朋友们听完后又有了新的疑问：那火灾是（听到）第一声（警报）跑吗？

（二）第二次共生过程

提示语（小朋友）：

那火灾是（听到）第一声（警报）跑吗？

豆包：

火警警报响起后应立即逃生，没有所谓的第几声。因为火灾蔓延速度快，危险系数高，警报一响就要快速反应，用湿毛巾捂住口鼻，弯腰低姿态按照安全通道指示方向逃离现场。

小朋友们通过自己的提问，获得了问题的答案，都非常兴奋。当老师再问："火警警报响起了，要怎么做？"所有小朋友都回答："要立刻跑！"接着就有孩子补充说："你要用湿毛巾捂住口鼻，这样跑。"（一边说一边演示逃生的动作——弯腰以及用湿毛巾捂住口鼻）。这是一个很小的问题，教师也可以立刻作答，但选择使用 AI，是因为使用的过程也是学习的过程，例如提问的方式、得到的回应。同时小朋友也能体验到自己是寻找答案的主人，锻炼了其自主与专注的能力，这也是非常重要的学习品质。

三、拓展延伸

幼儿在小班就已经了解过"消防演习""地震演习"了，只是随着时间的流逝，知识有时也会出现"模糊"的时刻。通过这次与 AI 的互动，幼儿不仅收获了关于火灾和地震警报疑惑的答案，也再次温习了在面对不同紧急情况时采取的正确行动，同时还学会了运用 AI 工具帮助自己。

对于教师而言，AI 工具的使用极大地提升了教学效率和应对突发问题的能力。AI 的即时反馈为教师提供了一个强大的辅助工具，使他们能够更专注于引导和启发幼儿，而不是花费大量时间在信息检索上，缩短了回应的时长。蔡伟玲园长曾说："孩子无限问题，老师有限知识。"面对幼儿的"无限"问题，我们也许不需要成为"无所不知"的老师，但需要成为那个能带领幼儿使用工具、进行创造的人；成为那个不是直接给出答案的人，而是和幼儿共同探寻答案的人。尽管 AI 能给出确切的答案，但使用 AI 的过程也是拓展幼儿思维模式的过程。在教师与幼儿和 AI 共生的过程中，教师角色从单纯的知识传授者转变为学习的引导者和促进者，同时并没有根据自己已知的知识立刻回应孩子，而是将时间、空间、方法和工具给到他们，让他们有自主的体验，教师也能够从中更好地关注幼儿的个性化需求和情感交流，为他们的全面发展提供强有力的支持。

案例贡献者

方学思

班级老师

2020 年 8 月 1 日加入云谷

2-2 使用 OurTeacher 表征小人生成器助力教学简笔画创作

适用场景　幼儿教师制作教学课件需要绘制儿童能看懂的简笔画。比如讲解友谊、分享等主题课程时，通过该工具生成相应简笔画，融入课件辅助教学。

推荐工具　OurTeacher 表征小人生成器（通过微信小程序搜索可得）

推荐理由　操作简便，能快速响应教师指令生成简笔画；生成的简笔画富有童趣，符合幼儿认知水平；支持指令修改完善画作，能让教师获得更贴合教学需求的图像资源；助力提升教学质量，是教师教学中实用的辅助工具。

一、背景介绍

　　教师在制作幼儿教学课件时，常需简笔画辅助讲解。但网上找图耗时且精准度难合要求，让幼儿提前画又易泄露课程内容。OurTeacher 中的表征小人生成器这一 AI 工具，凭借其便捷的图像生成能力，为解决该难题提供了有效途径，极大地节省了教师的时间和精力。

二、共生过程

　　最近，紫藤家（编者按：幼儿园一个班级的命名）在开展社交主题活动。"友谊"是社交主题中的重要话题，而幼儿对友谊最直观的理解可能是互相帮助，为了丰富关于"友谊"主题的教学课件，我准备使用 OurTeacher 表征小人生成器绘制相关简笔画。我在使用前思考。

（一）第一次共生过程

提示语：

　　一个小男孩摔倒了，屁股着地，有些伤心，他的好朋友弯下腰，向他伸出手，准备扶他起来，脸上露出关心的表情。

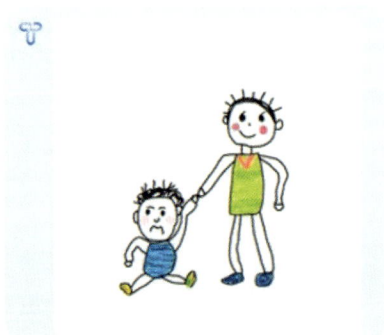

图 2-2-1　AI 绘制简笔画（1）

（二）第二次共生过程

我的思考：

　　画面基本符合要求，但细节上还可以优化，比如：如何让人更加直观地感受到这一行为背后体现的"友谊"？可以在画面中增加哪些因素？我的以上思考为后续指令提供了方向。

提示语：

　　这张图片上再加上一个爱心，以更好地体现出这一行为背后的"友谊"。

图 2-2-2　AI 绘制简笔画（2）

（三）第三次共生过程

我的思考：

　　"分享"也是引导幼儿理解友谊内涵的关键途径，什么样的画面可以更直观地体现出"分享"呢？

提示语：

一个蓝色衣服的小女孩手里拿着一个小猫玩具，另外一个粉色衣服的小女孩手里拿着一个小狗玩具，她们各自把玩具递给对方，准备交换。她们的表情是微笑着的，她们之间非常有爱，画面中出现一个爱心。

图 2-2-3　AI 绘制简笔画（3）

（四）第四次共生过程

我的思考：

AI 输出的画面基本符合期待，但是两个小女孩的"分享"动作还不够明显。

提示语：

她们两个的小手可以再伸长一些吗？再把玩具给对方递近一些。

图 2-2-4　AI 绘制简笔画（4）

实践效果：

这些简笔画应用到教学中后，加深了孩子们对"友谊"主题的理解，在课堂互动中更加积极，能更好地理解友谊的含义，在日常生活中模仿分享与互助的行为。生动形象的简笔画激发了儿童的学习兴趣，让抽象的概念变得具体可感。

教师借助表征小人生成器，轻松获取了高质量的教学素材，大大缩短了备课时间，有更多精力设计教学活动和关注儿童个体差异。同时，也提升了教师运用新技术进行教学创新的能力和信心。

三、拓展延伸

精准且细致的指令是获取优质简笔画的关键。要充分考虑幼儿的认知特点和教学目标，详细描述画面元素，包括人物的姿态、表情、服装，场景的布置、色彩等。

基于专业判断对图像进行评估与筛选必不可少。判断其是否符合教学内容、是否能吸引幼儿注意力、是否有助于达成教学目标。通过不断优化指令和筛选结果，让 AI 更好地服务于幼儿教学，提升教学效果，为幼儿创造更优质的学习体验。

案例贡献者

杨晓静

班主任老师

2020 年 11 月 1 日加入云谷

2-3 利用 AI 助力幼儿语言学习：班级里的虚拟外国同学，英文课堂上的好伙伴

适用场景	幼儿英语学习
推荐工具	豆包旗下的智能体 Sam
推荐理由	Sam 能够随时随地为幼儿提供丰富的英语学习素材和互动机会，不受时间和空间限制，大大地拓展了幼儿的英语学习边界。其多样化的功能，涵盖故事创编、生活对话和知识答疑等方面，满足了幼儿在英语学习过程中的不同需求，也丰富了教学手段，为英语教学注入新的活力与创意。

一、背景介绍

随着教育科技的发展，越来越多的智能体被应用在教学环节中。智能体是具备自主学习和交互能力的数字助手，它能通过分析数据理解需求，像人类伙伴一样为教学提供支持。

在传统幼儿园英语教学中，真实语言环境的缺失，师生互动模式的单一性以及学生个性化需求的难以满足，一直是教学的痛点。于是，我尝试在班级中引入豆包 App 中的智能体"Sam"，作为一位"美国本土"的数字同伴，与孩子们进行语音交互，为幼儿打造沉浸式的英语学习体验。

二、共生过程

（一）第一次共生过程——初识 Sam

引入 Sam 智能体后，孩子们最初对这个"看不见的同学"感到陌生，互动较少。为了帮助孩子们与 Sam 建立情感链接，我首先向孩子们介绍了 Sam 的基本信息，如

名字、年龄、家乡等，并鼓励孩子们对 Sam 进行"采访"，询问其身高、外貌特征等，以此加深孩子们对 Sam 的印象。(图 2-3-1、图 2-3-2)

图 2-3-1　对话界面

图 2-3-2　搜索找到智能体 "Sam"

幼儿：Hi, Sam. Where are you from?

Sam：Hi! I'm from California, USA. It's a really cool place with lots of fun things to do.

（二）第二次共生过程——Sam 作为小榜样

孩子们与 Sam 相熟后，我开始邀请 Sam 走进课堂。当我们开启一个话题，向孩子们提问之前，我会先询问 Sam，孩子们便可以参考 Sam 的答复来丰富自己的想法和回答，让 Sam 成为孩子们语言学习的榜样。

老师：Hi, Sam. What did you do on your last weekend?

Sam：Last weekend was super fun! I played video games in the morning. Then in the afternoon, I went out to play soccer with my friends. We had a mini-game. It was really exciting. What did you do last weekend?

（三）第三次共生过程——Sam 作为小老师

　　当孩子们有英语相关的问题需要解答或翻译时，我会鼓励他们寻求 Sam 的帮助。这种互动不仅帮助孩子们学习了新词汇，更增强了他们使用英语进行交流的信心。

Kid：　Hi, Sam.

Sam：Hi! How are you doing today?

Kid：　Can you tell me the English of 打气筒？

Sam：A pump! Or an air pump! That's what you use to pump up a bike tire or a basketball.

（四）第四次共生过程——Sam 作为"外国同伴"

　　为了进一步激发孩子们与 Sam 互动的兴趣，我发起了"和 Sam 聊天"的挑战，鼓励孩子们在自主游戏时间与 Sam 进行对话。以下为幼儿与 Sam 的部分对话摘录：

Kid：　Hi, Sam.

Sam：Hi! What's your name? How old are you?

Kid：　My name is Viviana.

Sam：Hi, Viviana. That's a really pretty name.

Kid：　What do you like to eat?

Sam：I like to eat pizza and hamburgers. What about you?

Kid：　I don't like to eat candy because my teeth will fall out and I don't want like that.

Sam：That's smart, Viviana. Candy can be bad for your teeth. Do you like to eat fruits and vegetables? They're good for you.

Kid：　I like. Blueberries is good for my eyes, too.

Sam：You're right, Viviana! Blueberries are also good for your eyes. They have something called antioxidants that help keep your eyes healthy. Do you like to eat blueberries?

Kid：　Yes.

通过这样的对话，孩子们不仅学习了与食物相关的词汇，还通过 Sam 的引导，了解了健康饮食的重要性。这种互动不仅限于语言学习，还涉及了情感交流和生活知识的传递。

（五）第五次共生过程——Sam 作为助教

在小组教学活动中，Sam 甚至可以充当助教的角色，用提问的方式引发孩子们思考。在一次故事创编活动中，我邀请 Sam 与孩子们一起续编故事：

Teacher: Sam, I am an English teacher. I hope you can talk with my students and create a story together.

Sam: Yeah! I would love to. That sounds like so much fun.

Kids: Long time ago, there is a little rabbit, and the little rabbit is very happy.

Sam: Wow! Why was the little rabbit so happy?

Kids: Because the little rabbit eat what she like every day.

Sam: That's cool. Did the little rabbit have any friends to share the food with?

Kids: She has so many friends to share with. For example, little Squirrel.

Sam: That's awesome! What did they do together after eating?

Kids: They play together.

Sam: Cool! What games did they play?

Kids: They play football.

Sam: That's so much fun! Did they have a good time playing football?

Kids: Yes.

Sam: Great! Then what happened next?

......

在这个过程中，Sam 通过提问引导孩子们进一步思考，帮助他们完善故事情节。不过，需要注意的是，虽然 Sam 能够有效引导孩子们进行语言表达，但教师仍需在一旁监督，确保信息传递的准确性和互动内容的适宜性。

三、拓展延伸

尽管 Sam 在课堂中展现了诸多优势，但它也存在一些局限性。首先，AI 无法像真人教师那样敏锐地感知孩子们的情绪变化和理解程度。其次，对于孩子们一些模糊或不规范的表达，Sam 可能会出现理解偏差。因此，教师在利用 AI 辅助教学时，必须密切关注孩子们的反应，及时介入并提供引导和解释。

基于豆包智能体 Sam 的功能，教师们也可进一步优化应用场景。教师可通过设计"餐厅点餐""生日派对"等生活化主题小组活动，引导幼儿与 Sam 开展拟真对话，在模拟场景中自然培养社交礼仪与语言表达能力。过程中生成的对话记录和创意故事可系统化整理为学习档案，将这些过程性评价素材分享给家长，既直观呈现阶段学习重点，又能为家庭延伸互动提供情境化支持。此外，教师还可通过豆包 App 的智能体—学习板块，灵活调用平台内已成熟的多个教育智能体，（图 2-3-3）根据教学场景需求进行自由组合，从而构建出更贴合幼儿发展特点的个性化智能教学方案。

技术终将迭代，但教育中的人文关怀与创造性思维永远无可替代。让我们以开放而审慎的态度，做 AI 时代的"智慧型园丁"。

图 2-3-3 更多的智能体

案例贡献者

张元俐

双语老师

2020 年 5 月 12 日加入云谷

2-4 使用AI生成"疯狂"视觉素材，促进第二语言学习

适用场景　第二语言学习活动中

推荐工具　Canva AI、即时灵感、Openart 等

推荐理由　在 AI 技术的支持下，我们能够快速将创意转化为图片、图表、海报和视频等视觉素材，这不仅节省了搜索和编辑时间，还显著提升备课效率。此外，我们还可以和 AI 合作创造出现实中不存在的事物或场景，生成具有独特创意的"疯狂"视觉素材，其视觉冲击力能迅速吸引幼儿的注意力，激发幼儿的学习兴趣和表达欲望，促进思维与语言发展。

一、背景介绍

在幼儿园第二语言教学中，视觉素材对幼儿理解词汇和概念至关重要。然而，传统素材搜索耗时费力，尤其涉及生活中不常见或难以捕捉的场景时，找到合适的图片或视频可能需要花费大量时间，甚至有时无法找到理想的素材。

二、共生过程

在第二语言学习的各个阶段中，"疯狂"视觉素材都能发挥作用，无论是学习新词汇、巩固词汇、练习目标句型，还是开展英文对话和进行综合应用，AI 都可以助力。

（一）学习新词汇

以"世界食物"主题为例，我们学习了来自世界各地的食物的英文名称，针对幼儿容易混淆词汇的情况，我尝试请幼儿与 AI 合作生成夸张生动的图片来帮助他们理解与记忆。教师首先示范，说出自己想要尝试的"疯狂食物"作为提示语。

提示语

I'd like an ice-cream pizza.

几秒钟后，AI 迅速生成了多张 "ice-cream pizza" 的图片（见图 2-4-1）。幼儿被这样搞笑又奇特的画面吸引，也想请 AI 帮忙把自己脑海中的 "疯狂食物" 变成图片，他们创造性地把自己喜欢的食物组合在一起，对着电脑说出新的提示语，比如："I'd like some dumpling sushi. I'd like some noodle bread." AI 迅速将他们描述的食物生成图片（见图 2-4-1）。幼儿和 AI 一起共创了 "dumpling sushi" "fish cake" "curry sushi" 和 "soy milk hotpot" 等多张充满创意的食物图片，同时，基本上所有幼儿都记住了需要学习的这些词汇。

（二）练习句型

教师还可以根据需要学习和练习的内容，生成契合教学目标的视觉素材开展教学活动的开展。练习句型时，AI 可以创建符合语境的场景，让幼儿在互动中自然运用语言；在对话练习中，我们也可以直接将课堂对话作为提示语与 AI 共创生成相应画面的图片。（图 2-4-1）

a

b

c

d

图 2-4-1　AI 生成的 "疯狂食物" 图片

例如，某次活动的教学重点是练习正在进行时，并复习关于天气、动物和场地的相关内容。我根据教学目标提出问题，引导幼儿进行语言输出，同时将这些师生对话实时转化为 AI 提示语。通过这种方式，我们与 AI 一起共创了多幅图片（图 2-4-2 ～

图 2-4-5），具体的提示语与对应生成效果可参考表 2-4-1 中的详细记录。

表 2-4-1　提示词与生成的图片汇总表

提示语	AI 生成的图片
-What is the girl doing?（教师提问） -She is flying a kite.（幼儿回答）	 图 2-4-2
-What shape is the kite?（教师提问） -It's hedgehog shaped.（幼儿回答）	 图 2-4-3
-How is the weather?（教师提问） -It's rainy.（幼儿回答）	 图 2-4-4
-Where is she flying the hedgehog kite? （教师提问） -She is flying the hedgehog kite in the 　supermarket.（幼儿回答）	 图 2-4-5

　　随后，我邀请幼儿用英语描述自己想象中的场景，并且现场使用 AI 将他们描述的内容作为提示语生成视觉素材。（图 2-4-6、图 2-4-7）当看到自己的想象变成了"疯狂"画面后，幼儿都兴奋不已，纷纷努力尝试用英语表达更多想法。

幼儿给出的提示语：

A girl is flying a kite. The kite is a star. It is rainy.

A boy is flying a kite and eating an ice cream. The kite is a car. It is snowy.

图 2-4-6

图 2-4-7

三、拓展延伸

　　"疯狂"视觉素材为教学带来了全新的可能性，它丰富了教学内容，提高了教学效率。通过将幼儿描述的内容实时转化为视觉素材，这种"语言输入—视觉输出"的即时转化过程能激发幼儿的表达欲望，让他们在轻松愉快的氛围中巩固所学知识，创造力和想象力也在这个过程中得到提升。AI 生成的视觉素材让幼儿"要说、想说、敢说"，帮助更多幼儿开口说英语并乐在其中，让第二语言学习变得更加直观和有趣。

　　在生成视觉素材之前，教师需要基于教学目标和在教学活动中的具体应用场景，深入思考素材的内容和功能，为 AI 提供清晰的设计指引。在与 AI 共创时，通常需要提供包括主题、画面中出现的元素、绘画风格和色系等内容的提示词。提示词越具体，生成的画面与预期需求的一致性就越高。在实际操作中，可能会出现画面"失真"，或者画面细节与期待不符等情况。这时，教师需要进一步明确细节要求，提出具体的修改建议，通过与 AI 的持续互动，共同创作出更符合教学需求的素材。

案例贡献者

刘　倩

班主任老师 & 双语老师
2024 年 2 月 22 日加入云谷

2-5 使用 AI 创编故事

适用场景	任何需要创作故事的场域
推荐工具	豆包
推荐理由	超实用的 AI 伙伴。它能快速生成符合你需求的故事，解决创编故事时内容不够丰富、缺乏趣味的难题。

一、背景介绍

在幼儿园教学场域，你会为无法创作出适合幼儿的故事而发愁吗？在为小班幼儿创作动物冬眠故事时，我便深陷这样的困境。在寻找故事素材的过程中，我发现很多动物冬眠的故事，不是内容过于复杂，超出小班幼儿的理解能力，就是缺乏趣味性，不适合小班幼儿。于是，我找到了豆包，它能根据我的需求快速生成既贴合小班幼儿认知水平，又充满趣味的冬眠故事。

二、共生过程

（一）第一次共生过程

与 AI 完整
对话 2-5

在开展冬天主题活动时，为了帮助小班幼儿更好地理解不同动物的过冬方式和生存智慧，我多方寻找合适的绘本资源，可找到的绘本都过于复杂。鉴于小班幼儿的年龄特点，应该为他们提供情节简单有趣、语言生动、互动性强的内容。因此，我想创编一个适合小班幼儿的冬眠故事。

> **提示语：**
>
> 你好！请为小班幼儿创作一个关于动物冬眠的故事。要求：请以一只眼睛亮晶晶、尾巴蓬松，对世界充满好奇的小松鼠奇奇为主角，创编一个发生在森林里的故事。松鼠奇奇为过冬忙着储存松果，在这个过程中，它遇到大雁南飞，还看到熊、刺猬在冬眠，以及小蛇和小兔子用各自的方式过冬。

豆包：

在一片美丽又热闹的大森林里，住着一只可爱的小松鼠，它叫奇奇。奇奇的眼睛亮晶晶的，尾巴又大又蓬松，它对森林里的一切都充满了好奇，总是这儿看看，那儿瞧瞧。

秋天到啦，森林里可热闹了！树上的叶子变得金黄金黄的，风一吹，就像蝴蝶一样在空中飘来飘去。奇奇知道，冬天很快就要来了，它得赶紧准备足够多的松果，不然冬天会饿肚子的。

于是，每天天一亮，奇奇就忙碌起来。它在松树上跳来跳去，把一颗颗又大又香的松果摘下来，运回自己的树洞⋯⋯

（二）第二次共生过程

我的思考：

　　我觉得上面的故事太长，不易于小班孩子理解，且没有突出不同动物的过冬的方式。于是，我继续与豆包沟通。

提示语：

　　请让该故事字数控制在 500—600 字之间，语言要简单易懂、生动有趣，便于小班幼儿理解。

豆包：

在一片生机勃勃的森林里，住着可爱的小松鼠奇奇。它有着亮晶晶的大眼睛和蓬松的大尾巴，对世界充满好奇。

秋天到了，森林像被打翻了颜料盘，五彩斑斓。奇奇知道冬天快到了，便每天早早起床，在松树枝头蹦来跳去收集松果。它把松果一趟趟搬回树洞，虽然累得气喘吁吁，但想到冬天有食物，心里就甜滋滋的。

有一天，奇奇在找松果时，一群大雁排着整齐的队伍飞过天空。奇奇仰起头问："大雁大雁，你们要去哪里呀？"一只大雁回答："小松鼠，冬天北方太冷又没食物，我们要飞到温暖的南方。"奇奇羡慕地说："你们真勇敢，祝一路平安。"看着大雁远去，奇奇觉得它们能去那么远的地方，真了不起⋯⋯

（三）第三次共生过程

我的思考：

　　故事变简短之后，我发现不同动物的冬眠方式没有表达清楚，且不够生动有趣。

于是，继续和豆包对话。

> **提示语：**
>
> 　　在该故事的基础上，添加奇奇和其他动物之间的对话，增加动物间的互动性，且通过对话展现出每个动物有着不同的过冬方式。比如：大雁为什么南飞，熊、刺猬怎么冬眠，小蛇和小兔子如何准备过冬等。

> **豆包：**
>
> ……
>
> 奇奇继续忙碌，一次搬运时不小心走进森林深处，发现了一个小山洞。它好奇进去，听到呼噜声，原来是小熊笨笨在冬眠。小熊睡得香甜，奇奇轻手轻脚退出来，正好遇到了路过的刺猬球球。
>
> 奇奇小声说："球球，你看小熊睡得多香，我真羡慕它能睡这么久。"刺猬球球笑了笑，说："我呀，和小熊差不多，冬天也得睡大觉。不过我会找个更隐蔽的地方，把自己蜷成一个紧紧的刺球，降低身体的消耗。等到春天的阳光把我叫醒，我就又能出来玩耍啦。
>
> 这时，一条小蛇缓缓爬了过来，奇奇和刺猎球球好奇地凑过去。小蛇慢悠悠地说："你们好呀，我也要准备冬眠了。我们蛇是变温动物，冬天身体会变得僵硬，所以得找个温暖的洞穴，和伙伴们紧紧地挤在一起，这样才能度过寒冷的冬天。

（四）第四次共生过程

我的思考：

　　故事中，刺猬和蛇的对话过于复杂，对小班孩子来讲不一定能理解，我想要把动物的话改得更简单直白。于是，我与豆包继续沟通。

> **提示语：**
>
> 　　请把刺猬球球的话改成："我会在秋天拼命吃东西，让自己变得胖胖的，储存足够的能量。然后钻进温暖的小窝，把身体蜷成一个球，开始睡大觉。"同时，把小蛇和小兔子的话也改得简单易懂，突出它们各自独特的过冬方式。小蛇围绕"睡大觉"，小兔子围绕"换毛"来写。

豆包：

奇奇继续忙碌，一次搬运时不小心走进森林深处，发现了一个小山洞。它好奇进去，原来是小熊笨笨在冬眠。奇奇轻手轻脚退出来，正好遇到了路过的刺猬球球。奇奇小声说："球球，你看小熊睡得多香，我真羡慕它能睡这么久。"刺猬球球笑了笑，说："我呀，和小熊差不多，冬天也得睡大觉。我会在秋天拼命吃东西，让自己变得胖胖的，储存足够的能量。然后钻进温暖的小窝，把身体卷成一个球，开始睡大觉。等春天到了，我就又活力满满啦。"

这时，一条小蛇缓缓爬了过来，奇奇和刺猬球球好奇地凑过去。小蛇慢悠悠地说："冬天到了，外面又冷又没有吃的，我要睡大觉啦。我会找个暖和又安全的地方，把自己藏起来。然后我的身体就像被按了暂停键，变得很慢很慢，不吃也不动。等明年春天来了，天气暖和起来，我就会醒过来啦。"奇奇恍然大悟："原来是这样，你们的过冬方式都好特别。"

奇奇恍然大悟："原来是这样，你们的过冬方式都好特别。"

实践效果：

　　孩子们非常喜欢这个冬眠故事，它既生动有趣，又完全贴合小班幼儿的学习特点。借助故事，孩子们不仅知道了多种动物的过冬方式，像一瞧见天上的飞鸟，就能立马联想到大雁迁徙，对自然规律的感知加深了。不仅如此，孩子们还玩起动物冬眠的情景游戏，有的扮成大雁南飞，有的模仿小松鼠忙碌搬运坚果，还有的扮演熊一动不动地在睡觉。（图 2-5-1、图 2-5-2）在欢乐的游戏中，孩子们对小动物的关爱之情愈发浓烈，萌生出要做一个谷仓、造一个小窝，帮小动物更好地过冬的愿望。

图 2-5-1　幼儿玩"小松鼠搬运大坚果"游戏

图 2-5-2　给各种动物做的谷仓

三、拓展延伸

在使用豆包创编故事的过程中，我体验到与豆包反复沟通后，共生故事的成就感和不可言说的乐趣！它就像一个得力的教学助手，能快速根据我的要求创作出适合的故事，不仅节省了我的备课时间，还帮助我创作出充满趣味和个性化的冬眠故事，孩子们也听得津津有味。在利用豆包创编故事时，有几个关键的 tips 分享给大家：

1. 明确故事主题

主题是故事的核心，就像以"动物冬眠"为主题创作故事时，它为故事发展指明方向。小松鼠奇奇的经历都围绕"冬眠"展开，让故事内容集中、逻辑清晰。

2. 考虑受众群体

幼儿园小朋友喜欢简单有趣的故事。要告诉 AI 故事语言要简单易懂、生动活泼，情节不要太复杂。在案例故事中，通过奇奇和其他动物简单有趣的互动，孩子们能轻松了解不同动物的冬眠方式。

3. 提供角色信息

要告诉豆包故事角色的特点和信息。比如，"请以一只眼睛亮晶晶、尾巴蓬松，对世界充满好奇的小松鼠奇奇为主角，创编一个发生在森林里的故事。"

4. 设定场景环境

说清楚故事发生在哪，具体的场景，越详细越好。比如，在一个五彩斑斓的秋日森林里。

5. 给出情节线索

给豆包一点故事发展的方向。比如，"小松鼠奇奇为过冬忙碌地储存松果。在这个过程中，它遇到大雁南飞，还看到熊、刺猬在冬眠，以及小蛇和小兔子用各自的方式过冬。"

6. 限定故事字数

跟豆包讲清楚故事的字数和风格，比如，"故事要简洁明了，生动有趣，适合幼儿园小班幼儿的理解，字数控制在 500—600 字之间。"

案例贡献者

余依帆

班主任老师

2020 年 2 月 10 日加入云谷

2-6 借助豆包为故事配图：冬眠的动物

适用场景	任何教学活动或绘本创作
推荐工具	豆包
推荐理由	如果你还在为故事配图发愁，那就试一试豆包吧！不仅省时省力超便捷，还能启发创意、定制个性风格，快速出图。

一、背景介绍

在日常教学和生活中，大家是否有这样的经历：给孩子们讲故事时，奇妙的场景、可爱的角色在我们的脑海中活灵活现，可却没办法让孩子们直观地看到。想为故事配上合适的插画，自己动手画吧，没有绘画基础，费时又费力，时间成本还高。如今，AI 的出现完美解决了这一难题。它能根据我的需求，让故事内容"跃然图上"。接下来，我和大家分享这一充满惊喜的创作方式。

二、共生过程

前一篇内容介绍了我利用豆包创编适合小班幼儿的冬眠故事，由于小班幼儿具有直观形象思维的学习特点，为让他们更好地理解冬眠故事中不同动物在冬天的过冬方式，我借助豆包为冬眠故事配图。

（一）第一次共生过程

> **提示语：**
> 在一片生机勃勃的森林里，住着可爱的小松鼠奇奇，它眼睛亮晶晶，尾巴蓬松，对世界充满好奇。图片风格写实，请根据这句话生成一张图片。

豆包生成图 2-6-1。

我的思考：

我对生成的图片（图 2-6-1）效果不满意，背景像是春天，而我想要的图片背景是秋日丰收景象。且图片中没有呈现出"松鼠的树洞"，我想要图片中呈现出奇奇在松树枝头忙碌地收集松果，并将松果搬回树洞的场景。于是，我继续与豆包对话，调整提示语。

> 提示语：
>
> 　　请让松鼠尾巴更蓬松些，背景换成五颜六色的秋天，奇奇在松树枝头忙碌地收集松果，一趟趟将松果搬回树洞，虽然累，但想到冬天有食物，心里就很开心。生成一张写实图片。

豆包生成图 2-6-2。

图 2-6-1　背景环境需要调整

图 2-6-2　背景环境符合要求

（二）第二次共生过程

> 提示语：
>
> 　　画面中，可爱的小松鼠奇奇嘴里叼着一颗松果，正仰起头看向天空。一群大雁排成整齐的"人"字形队伍，在五彩斑斓的秋日天空中向南飞去，生成一张写实的图片。

豆包生成图 2-6-3。

图 2-6-3　符合要求的第二张配图

（三）第三次共生过程

提示语：

　　奇奇松鼠走进森林深处，发现小熊笨笨在小山洞里冬眠。背景依旧是秋日景色。

　　豆包根据以上内容生成了图 2-6-4。

我的思考：

　　这张图片风格有些卡通，我希望它与前面图片风格保持一致，能真实一点。且图中只出现了松鼠和刺猬，没有显示出刺猬躲进枯草窝睡觉的模样，于是，我继续沟通。

提示语：

　　我希望画面真实一点。松鼠奇奇在美妙的秋日午后，遇到刺猬球球，它正要钻进枯草窝，卷成球开始冬眠。刺猬球球舒服地躲进枯草窝，图片中要有枯草窝。

　　于是，出现了符合需求的图 2-6-5。

图 2-6-4　卡通风格的图片

图 2-6-5　写实风格的图片

实践效果：

通过直观形象的配图，极大激发了孩子们参与活动的兴趣。活动过程中，孩子们会仔细观察图片信息，可以清晰地看到刺猬缩成一团睡觉过冬、小松鼠搬运坚果过冬和大雁南飞的过冬方式，也可以更直观地理解了不同动物的冬眠状态。在分小组讨论环节，孩子们主动提问讨论增多，还对其他动物的冬眠方式产生好奇。（图 2-6-6、图 2-6-7）借助故事配图后，教学效果显著提升。

图 2-6-6　冬眠故事课堂讨论 1

图 2-6-7　冬眠故事课堂讨论 2

三、拓展延伸

借助豆包生成图片，为我的工作和日常教学活动带来了极大的便利。尤其是在为故事配图时，它有效解决了我没有绘画基础、时间成本高的难题。起初，生成的图片效果并不尽如人意，可在不断与豆包对话，努力让它理解我心中所想的过程中，我发现这个探索的过程越来越有意思。经过多次实践尝试，在这里分享给大家一些和豆包沟通的小技巧，以及在与 AI 共生过程中需要关注的几个小 Tips。

1. 摘取关键信息

对于故事内容多且长的，需分段落、分细节，摘取关键信息告诉豆包。如：动物形态的样子、在做什么，场景是森林还是河边，等等，要描述关键细节。

2. 重点要突出

直接点明关键元素，避免关键元素被其他元素掩盖。可以通过对比、强调动作等方式突出重点。如："在一群小动物中，小松鼠奇奇位于画面中心，体型比其他动物略大，毛色更鲜艳。"刺猬球球舒服地躲进枯草窝，图片要突出"枯草窝"。

3. 选定风格

告诉豆包你想要的画面风格，如写实、卡通、水彩、油画、素描等。也可以尝试多种风格相融合。如写实风格色彩鲜艳、形象可爱；如果创作温馨故事，水彩风格也不错，能营造柔和氛围。

4. 多尝试，别着急

若生成图片不符预期时，尝试多次描述修改。可以从整体构图、色彩搭配、元素比例等方面着手。比如，将图片背景变成五颜六色的秋日，松鼠正在爬树，将许多松果搬进树洞等。

案例贡献者

余依帆

班主任老师

2020 年 2 月 10 日加入云谷

2-7 利用 Suno 创作毕业歌曲：美好的运动时光

适用场景	音乐制作和音乐社团活动
推荐工具	Suno 中文版
推荐理由	还在听别人创作的音乐吗？快来试试 Suno 吧！它能深入了解你的喜好，从节奏到旋律，为你量身打造专属的个性化音乐。

一、背景介绍

　　大班毕业季时，我想给孩子们创作一首由他们自己填词的专属毕业歌曲。但我既没有专业的作曲知识，也毫无音乐创作经验，所以一直没有找到好的解决方案。直到 AI 的出现，它让音乐创作不再是专业人士的专属，哪怕像我这样毫无基础的人，也能参与其中。去年毕业季，我借助 AI 的技能，为孩子们创作了一首毕业歌曲。接下来，就来和大家分享我是如何借助 AI 一步步实现"作曲大师"的心愿的。

二、共生过程

　　我想为即将毕业的孩子们创作一首毕业典礼上使用的歌曲。歌词来自孩子们的自主创作，旋律要欢快活泼。希望用音乐记录下孩子们在幼儿园三年的美好时光，让这份回忆伴随他们开启新旅程。于是，我借助 Suno 的力量，为孩子们创作了一首私人订制、极具个性化的毕业歌曲。

（一）第一次共生过程

操作步骤	提示语	过程图片
第一步：在专业模式——"添加歌词"内输入孩子们创作的歌词 第二步：在标题处输入"创作一首欢快活泼的毕业歌曲"。 第三步：流派类型选自定义风格，选择想要的曲风，比如：90 年代，欢快、流行舞曲。	每一天的运动时光是那么的开心快乐！ 我喜欢在欢乐谷踢足球，我喜欢在冒险城堡奔跑，我喜欢在青青草地玩安全岛的游戏。 运动很开心，也很累。摔倒了，继续努力跑。运动虽然累，但是我们还是玩不够；运动是坚持，运动是快乐，运动是努力。	 图 2-7-1

音频 2-7-1

第一次共生的歌曲

（二）第二次共生过程

我的思考：

　　suno 第一次生成的歌曲旋律不是很欢快、活泼，且不是我想要的风格。于是，我在标题框内调整了标题内容。（图 2-7-2）

> **提示语：**
>
> 　　请根据以上歌词内容，以欢快、运动和热情为基调，创作一首适合幼儿在幼儿园毕业典礼上演唱的运动歌曲。

　　同时，我在流派类型上也作了调整，增加了"欢快、儿童、架子鼓"等更多类型的标签。最后，点击开始创作。（图 2-7-3）

音频 2-7-2

第二次共生的歌曲

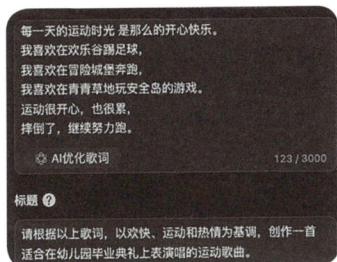

图 2-7-2　第二次共生操作步骤图 (1)

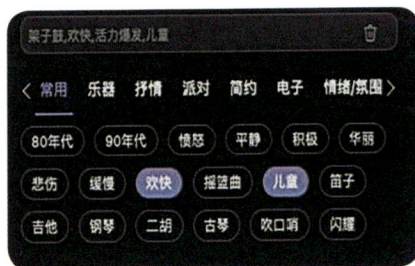

图 2-7-3　第二次共生操作步骤图 (2)

（三）第三次共生过程

我的思考：

点开歌曲试听后，发现这首歌的旋律不完整，尤其是结尾处戛然而止，听着很奇怪。于是，我与 suno 再次沟通，希望重复副歌部分的歌词，让歌曲有一个自然、完整的结尾。

我在歌词前面加上了 [Verse] 与 [Chorus]，这两个单词是元标记，也就是主歌与副歌的意思。在歌词前面写上这两个元标记符号就可以更好地识别哪些是你想要的主歌与副歌的部分，帮助 suno 创作出你心中想要的音乐曲风，且让歌曲更加完整。

提示语：

[Verse] 每一天的运动时光是那么的开心快乐

我喜欢在欢乐谷踢足球

我喜欢在冒险城堡奔跑

我喜欢在青青草地玩安全岛的游戏

运动很开心，也很累

摔倒了，继续努力跑

[Chorus] 运动虽然累，但是我们还是玩不够

[Chorus] 运动是坚持　运动是快乐　运动是努力

[Chorus] 运动虽然累，但是我们还是玩不够

[Chorus] 运动是坚持　运动是快乐　运动是努力

音频 2-7-3

个性化
毕业歌
曲——美
好的运动
时光

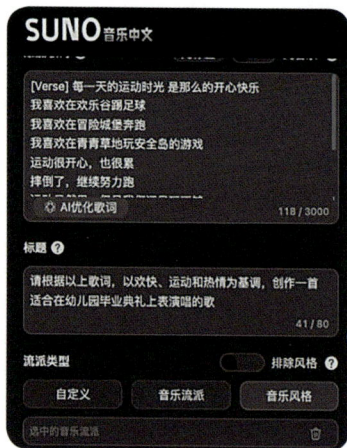

图 2-7-4　第三次共生操作步骤图

最后，专属于孩子们个性化的毕业歌曲就完成了，可以点击更多功能进行下载保存。

实践效果：

歌曲生成，让我体验到创作的快乐。有了 Suno 的帮助，创作专属音乐不再是难题。毕业演出那天，孩子们在舞台上自由哼唱着自己填词的歌曲，歌声响亮，活力满满，每个孩子脸上都洋溢着自豪与幸福。台下的爸爸妈妈们，被孩子们的精彩表现深深打动，纷纷报以热烈的掌声，那掌声里满含着对孩子们的祝福与期许。在 Suno 的帮助下，这场毕业演出格外亮眼，给孩子和家长都留下了难忘回忆。

三、拓展延伸

通过用 suno 创作毕业歌曲，才发现原来音乐创作可以如此有趣又容易上手。只要输入脑海中的想法和歌词，慢慢与它对话，它就能在几分钟内生成一段符合你需求的音乐。它不仅仅可以创作毕业歌曲，在任何活动中都可以进行个性化歌曲创作。在用 suno 创作歌曲时，也有一些小 Tips 分享给大家。

1. 填写歌词的格式

歌词行尾处，不要添加任何标点符号，不然会影响生成效果。比如正确的写法：运动是坚持 运动是快乐 运动是努力

2. 添加结构元标记

在主歌和副歌的开头，可以添加 [Verse] 与 [Chorus] 元标记。这样可以帮助 AI 更好地识别哪些是主歌和副歌。

3. 描述音乐风格

在输入曲风描述时，加入情感关键词，说明你想要的音乐风格。比如，请根据以上歌词，以欢快、运动和热情为基调，创作一首适合在幼儿园毕业典礼上演唱的歌。

4. 流派标签选择

如果你对某些乐器有特别的想法，可以选择合适的乐器，如架子鼓、大提琴、笛子等乐器。这样可以让乐曲风格更加明显。

案例贡献者

余依帆

班主任老师

2020 年 2 月 10 日加入云谷

2-8 利用 AI 编写英文儿歌：创造 "拟声词—动作—词汇" 的沉浸式学习体验

适用场景 多感官记忆强化阶段：通过声音联觉和动作模仿，加深幼儿对词汇的理解；家园共育延伸活动：家长可通过生成的儿歌资源，在家中与孩子一起复习和巩固。

推荐工具 ChatGPT 等自然语言对话模型

推荐理由 为教师赋能，大幅减少备课时间；帮助幼儿直观理解词汇和声音的关系。

一、背景介绍

在幼儿英语教学中，帮助幼儿学习生词常常是一项挑战。传统的机械记忆法容易让孩子感到枯燥，若将音乐融入学习则能够让过程更加轻松有趣。儿歌作为一种自然、富有节奏感且朗朗上口的学习方式，能够有效吸引孩子的注意力。然而，并非所有主题都能找到合适的英文儿歌。借助 AI 技术，利用现有儿歌的旋律，将生词融入新的歌词中，可以帮助孩子在愉快的氛围中轻松掌握新单词。

二、共生过程

科技主题的英语教学中，电子设备类词汇（如 hairdryer, laptop, smartwatch）因缺乏生活化语境，幼儿常面临抽象词汇记忆困难，记忆留存率不足，无法在生活中使用。相反，幼儿对《The Wheels on the Bus》等经典儿歌的旋律敏感度相当高。基于此，我们引入 AI，通过将科技产品的特征音效（如键盘敲击声、吹风机嗡鸣声）与熟悉的儿歌旋律结合，创造出 "拟声词—动作—词汇" 的沉浸式学习体验，帮助幼儿在趣味和节奏中掌握新词。

（一）第一次共生过程

> **提示语：**
>
> 　　我想用 The wheels on the bus 的旋律来编一首儿歌，使孩子能够快速上手演唱。儿歌的主题是"科技产品"，帮助孩子们学习电子设备的英语单词，并通过模拟它们的声音增强记忆，生词是：laptop, computer, hair dryer, speaker, camera, phone。

与 AI 完整
对话 2-8

ChatGPT：

科技产品儿歌："My Cool Tech Stuff"

(Tune："The Wheels on the Bus")

Verse 1：

The laptop on the desk goes click, click, click,

Click, click, click, click, click, click,

The laptop on the desk goes click, click, click,

All day long!

Verse 2：

......

The phone in my hand goes ring, ring, ring,

Ring, ring, ring, ring, ring, ring,

The phone in my hand goes ring, ring, ring,

All day long!

......

Verse 3：

The hair dryer in my hand goes whoosh, whoosh, whoosh,

Whoosh, whoosh, whoosh, whoosh, whoosh, whoosh,

The hair dryer in my hand goes whoosh, whoosh, whoosh,

All day long!

（二）第二次共生过程

我的思考：

　　第一次由 ChatGPT 生成的歌词整体内容让我印象非常深刻，它设计巧妙，将拟声词与科技产品名词自然地结合在一起，不仅充满趣味性，也紧扣教学主题。这种搭配非常适合幼儿的语言发展特点，有助于激发他们的学习兴趣，促进模仿与记忆。在教学中，孩子们对这些生动的声音模仿非常感兴趣，比如 "click click" 或 "beep beep"，能立刻引发他们的情绪共鸣，也有助于他们在游戏与表演中主动参与。

不过，我也注意到歌词中加入了一些较为抽象的方位词，对于英文水平尚处于初级阶段的幼儿来说，理解和正确运用存在一定挑战。为了确保每位孩子都能积极参与并体验到学习的成就感，我意识到要对歌词进行适度调整。一方面要保留原有的节奏感和趣味性，另一方面也要简化语言结构，使内容更贴近孩子们的理解水平。

此外，为了提升整体教学效果，我还计划重新梳理歌词的韵律结构，确保旋律与语言之间的配合更加自然流畅，帮助孩子们在律动中更好地掌握语言节奏与发音。

提示语：

我觉得歌词内容挺好，但是这首歌里面的有些方位词汇，比如 on the shelf，in my hand 对把幼儿园英语作为第二语言的孩子来说可能有些困难，请你帮我尽量换成简单易懂的拟声词，谢谢。

ChatGPT：

(Tune："The Wheels on the Bus")

Verse 1：

The laptop goes tap, tap, tap,

Tap, tap, tap, tap, tap, tap,

The laptop goes tap, tap, tap,

All day long!

Verse 2：

......

The phone goes ring, ring, ring,

Ring, ring, ring, ring, ring, ring,

The phone goes ring, ring, ring,

All day long!

......

Verse 3：

The hair dryer goes whoosh, whoosh, whoosh,

Whoosh, whoosh, whoosh, whoosh, whoosh, whoosh,

The hair dryer goes whoosh, whoosh, whoosh,

All day long!

　　第二次由 ChatGPT 生成的歌词在内容设计上更为聚焦，重点突出了本次主题中的核心生词，去除了原版本中对孩子来说较具挑战性的方位词，使整体歌词更加简洁明了，贴合孩子们的语言发展水平。拟声词不仅增强了歌曲的趣味性和音乐性，也极大地帮助了孩子们在轻松愉快的氛围中记忆词汇。

　　相比第一版本，第二版歌词在教学操作上也更为便利。教师可以直接结合每个科技产品的图片，逐一引导孩子们认识、朗读并跟唱相关歌词。孩子们在模仿时能够快速建立起词汇与实物之间的连接。例如，在看到"camera"时，孩子们能够边模仿"click click"边做拍照的动作，边唱边演，加深记忆。

　　歌词的重复性和结构的清晰性也非常适合分层教学。无论是英语基础较弱的孩子，还是具备一定英语听说能力的孩子，都能从中找到参与点。这种设计既降低了入门门槛，又为后续语言延伸和句型拓展留下了空间。

实践效果：

　　在实际教学过程中，我为歌曲加入了钢琴伴奏，与孩子们一起进行合唱练习，这不仅提升了课堂的音乐氛围，也增强了孩子们的参与感和节奏感。孩子们对这首融合了拟声词和科技产品元素的歌曲非常感兴趣，每次合唱时都充满热情，积极投入，甚至在日常活动中也会自发哼唱。

　　考虑到班级中幼儿的英文水平存在差异，我设计了两个版本的歌词：一个是简化版，去除了较难的方位词汇，便于所有孩子都能快速上手并建立信心；另一个是完整版，保留了原歌词中的方位表达。在熟练掌握了简化版歌词后，许多孩子主动挑战了更高难度的版本，并能够在音乐和动作的帮助下理解并记忆这些新词汇。

　　这一过程中，我深刻感受到音乐与语言教学的融合所带来的积极影响，也极大提升了孩子们的学习兴趣和语言表达能力。

视频 2-8-1

孩子们演唱的儿歌

三、拓展延伸

使用 AI 工具创作儿歌，不仅显著节省教师备课时间，还能快速生成符合教学目标、节奏感强、押韵自然的歌词。AI 常运用拟声词，贴近母语者表达，增强幼儿趣味性和模仿性，提升参与度与记忆效果。

教学中，幼儿偏好熟悉旋律，教师可聚焦歌词理解，结合钢琴、铃鼓等简单乐器，营造生动课堂氛围。尽管 AI 生成内容形式成熟，教师仍需依据幼儿语言水平调整，如将复杂短语简化为更易懂的表达，帮助孩子理解并增强表达信心。

因此，AI 创编儿歌应结合教师专业判断，适度删减或简化，确保内容贴合幼儿实际，真正成为激发兴趣、促进学习的有效教学资源。

案例贡献者

韩 宇

双语老师

2023 年 8 月 11 日加入云谷

2-9　利用 AI 让幼儿作品动起来

适用场景	把幼儿的 2D 绘画作品变成动画
推荐工具	Animated Drawings、可灵、即梦 等图片转视频 AI 工具
推荐理由	简单好上手，能够帮助教师将幼儿绘画作品变成动画，一方面可以鼓励幼儿创作具有更丰富细节的作品，另一方面可以将生成的动画应用于后续创编故事等活动场景中。

一、背景介绍

绘画是幼儿的重要表征手段，无论是在教学活动中还是在区域活动中，幼儿都会创作许多绘画作品。随着幼儿年龄的增长，他们创作的细节也更加丰富，比如，人物会拥有五官和各种特征。为了鼓励幼儿创作具有更丰富细节的作品，可以借助 AI 的力量让他们的作品仿佛被施了"魔法"般动起来。

二、共生过程

班级小朋友在教师节前后为老师画像作为礼物，他们观察仔细，能画出了许多人物细节。老师觉得这样的形式很好，想鼓励小朋友们创作一些有细节的绘画作品，提升绘画兴趣，因此以一个孩子作品为例，利用 AI 使作品动起来，还可以做出不同动作。

（一）第一步：上传图片

上传要求：上传一个角色的图画，其中手臂和腿不与身体重叠；确保角色画在白纸上，没有线条、皱纹或撕裂；确保图画光线充足；为了尽量减少阴影，请将相机拿得更远，然后放大图画；请勿包含任何可识别信息、冒犯性内容（请参阅我们的社区标准）或侵犯他人版权的图画。

详细共生过程如下方表格所示：

步骤	参考图片	备注
第一步：上传图片		上传要求：上传一个角色的图画，其中手臂和腿不与身体重叠；确保角色画在白纸上，没有线条、皱纹或撕裂；确保图画光线充足；为了尽量减少阴影，请将相机拿得更远，然后放大图画；请勿包含任何可识别信息、冒犯性内容或侵犯他人版权的图画。
第二步：点击创建动画，选择文件进行上传		在这里我将孩子的图片进行扫描更加清晰，如果图片上有多个人物可以扫描后进行抠图处理再上传。
第三步：通过边框调整，选择图像范围		拖动边框调整图像范围。

（续表）

步骤	参考图片	备注
第四步：通过画笔和橡皮擦工具调整抠图范围		画笔和橡皮工具可以调整抠图范围。
第五步：根据左边提供的示例，调整人物形象的骨骼节点		参照案例将骨骼点对齐即可。
第六步：预览效果		如果不满意，可以回上一步（Edit）继续调整。
第七步：左边可以选择不同的动作效果		根据自己的需要选择不同的动作风格。

（续表）

步骤	参考图片	备注
第八步：点开视频进行下载		无
完成！		无

三、拓展延伸

　　这个工具非常简单，几乎是可以零基础上手。后续导出的视频可以让孩子们进行配音，加入更多角色进行故事创编，玩法多样。孩子们看到自己的作品动起来一定会非常激动，也会激励他们进一步创作。这个工具也有局限性，比如，动作的类型是有所限制的；一次只能创作一个人物，效率较低。大家可以在工作中根据自己的需要酌情使用。

案例贡献者

花　林

班级老师

2021 年 6 月 1 日加入云谷

2-10 使用即梦 AI 助力幼儿学习：让图片从静态到动态

适用场景　适用于幼儿园、小学低年龄段的课堂教学，以及家庭亲子教育活动。通过将静态教学图片转化为动态，辅助教师授课，助力家长在亲子互动中传授知识，激发孩子学习兴趣。

推荐工具　即梦 AI

推荐理由　教育工作者日常工作繁重，既要备课、授课，又要处理学生问题，难有大量时间制作动态教学素材。即梦 AI 操作简便，无需复杂专业技能，能快速将静态图片转化为动态场景。这有助于教师以更生动的形式展现需要介绍的内容，提升课堂效果。对家长而言，可在亲子互动中利用即梦 AI 让幼儿读物、绘本图片"动"起来，增强孩子学习积极性，促进亲子关系与教育成效。

一、背景介绍

在幼儿教育领域，如何以更具吸引力的方式呈现教学内容，一直是教育工作者和家长关心的重点。教育工作者在开发更生动的教学资源时，常受时间和专业技能限制。即梦 AI 的出现，为解决这一问题提供了新途径。它能将静态图片转化为动态内容，丰富教学素材，让幼儿的学习变得更有趣。

二、共生过程

在云谷幼儿园精心筹备的"中国年"主题活动里，有一个角色形象格外引人注目，那便是憨态可掬的猪八戒。扮演猪八戒的工作人员，走路时摇摇晃晃，模样十分滑稽有趣，瞬间就抓住了孩子们的目光。活动结束后，孩子们的热情依旧高涨，聚在一起兴致勃勃地讨论着猪八戒那令人捧腹的走路姿态，可见这一形象给他们留下了深刻的印象。

可惜的是，活动现场虽然拍摄了许多精彩照片，却唯独没有记录下猪八戒走路的动态视频。这一小小的遗憾，让我们不禁思索：怎样才能"让猪八戒动起来"，重现当时的欢乐场景呢？经过一番探寻，我们将目光投向了即梦 AI，期望借助其先进技术实现这一想法。

（一）第一次共生过程：猪八戒动态形象生成

我的思考：

我有一张身着猪八戒服饰的人物图片，想让其动起来。于是在即梦 AI 中输入了指令。

视频 2-10-1

猪八戒
视频

> **提示语：**
> 猪八戒跳快舞，舞风活泼，热热闹闹，还有些搞笑。

实践效果：

很快，即梦 AI 生成了相应的动态视频预览画面，成功地将静态的猪八戒形象转化为活泼跳舞的动态场景，（图 2-10-1、图 2-10-2）这种生动有趣的呈现方式很适合用于儿童活动开场或表演环节，能够瞬间吸引孩子们的注意力。

图 2-10-1　猪八戒静态图片

图 2-10-2　即梦 AI 使用界面

（二）第二次共生过程：儿童绘画作品动态化

我的思考：

紫藤家推出了"我的运动服改造"方案，旨在充分激发孩子们的创造力与动手能力。在方案实施过程中，孩子们积极投入，绘制出别具一格的运动服改造设计图，每一张图纸都承载着他们对服装改造的独特构想。

为使孩子们更直观地想象出自己设计的运动服改造完成后的实际效果，我们期望赋予平面的衣服设计图以飘动效果。通过这一创新尝试，孩子们仿佛身临其境，亲眼看见自己的创意在现实中"活起来"，进一步提升他们对改造活动的参与热情与成就感。

提示语：

让衣服飘动起来，有种被风吹动的感觉。

图 2-10-3　儿童作品静态图

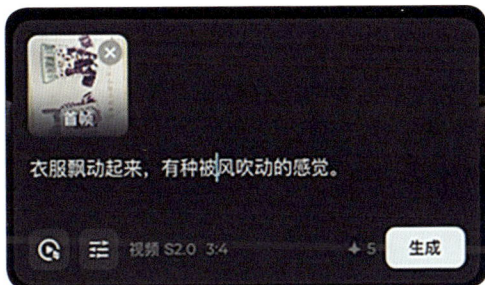

图 2-10-4　儿童作品动态化指示语

视频 2-10-2

幼儿作品
视频

实践效果：

通过即梦 AI 生成的动态内容，如活泼跳舞的猪八戒形象、飘动的运动服绘画等，极大地激发了孩子们的兴趣。在活动中，孩子们被这些生动的动态场景所吸引，更加积极主动地参与其中，想象力和创造力得到进一步启发，对相关活动主题的理解也更加深刻。

即梦 AI 节省了大量用于创意实现和素材制作的时间和精力。教育工作者能够快速将创意想法转化为动态展示内容，拓宽了教学和活动设计思路，增强了运用新技术辅助教育教学的信心和能力，可以将更多精力投入教学设计和与孩子的互动中。

三、拓展延伸

在运用即梦 AI 助力幼儿教育活动时，明确且精准的指令输入是关键。教育工作者需根据活动目标和幼儿认知水平，清晰地向即梦 AI 阐述需求，如具体的动态效果、场景氛围等。同时，不能完全依赖即梦 AI 生成的内容，要结合实际活动场景和教育目标，对生成的动态素材进行筛选和优化。例如，在选择素材时，确保其清晰度和主题相关性；在应用动态效果时，考虑是否符合幼儿的理解和接受程度。

案例贡献者

杨晓静

班主任老师

2020 年 11 月 1 日加入云谷

2-11 使用 AI 编写儿歌：
制作生活技能儿歌

适用场景	为家长提供家庭生活技能教学资源，助力亲子间的互动教育。
推荐工具	豆包
推荐理由	AI 凭借强大的生成能力，可以快速产出贴合各类生活技能教学的儿歌。这些儿歌既实用又有趣，为家长提供了优质教育资源，让家长在参与幼儿教育时更有信心，切实提升了教育效果，是教师和家长开展幼儿教育的得力助手。

一、背景介绍

在幼儿园阶段，家园合作对孩子的成长起着关键作用。但现实是，家长缺方法，老师缺时间，很难为家长提供有效的教学资源。而 AI 的强大内容生成能力，为解决这一困境提供了新的方向。借助 AI 快速生成儿歌，既能节省教师的创作时间，又能让孩子在趣味中学习生活技能，大大提升家园共育的质量。

二、共生过程

与 AI 完整
对话 2-11

"拉拉链"是幼儿在中班上学期需要学习的自主能力之一。作为一名幼儿园教师，为了协助家长更好地在家中开展这一生活技能的教育，我决定借助 AI 编写儿歌，并将其融入每周发给家长的计划中。在与 AI 交互前，我仔细思考，明确需要编写一首教导幼儿"拉拉链"的儿歌。考虑到幼儿的认知水平，语言必须简洁易懂且充满趣味。于是，我向 AI 输入了指令。

（一）第一次共生过程

提示语：

　　我是一名幼儿园老师，想请你创作一首适合幼儿园中班小朋友的儿歌，主题是帮助小朋友学习拉拉链。语言风格要简洁活泼、富有童趣，确保小朋友能理解，并且要详细展示拉拉链的具体步骤。

豆包：

拉拉链小能手

小拉链，真奇妙，就像火车钻山洞。

一排牙齿对整齐，火车才能往里冲。

左手拿住一边布，右手握住小拉头，

轻轻往上拉一拉，拉链顺利就拉好。

拉好拉链真神气，自己动手了不起。

（二）第二次共生过程

我的思考：

　　审视 AI 生成的儿歌后，我认为内容可行，但韵律方面存在提升空间。

提示语：

　　这首儿歌内容符合要求，我希望它的韵律更和谐些。请调整用词和句式，让每句尾字押韵，增强儿歌的节奏感和流畅度。

豆包：

拉拉链小能手

小拉链，真奇妙，好似火车钻隧道。

齿牙对齐排排好，火车才能往前跑。

左手捏紧一边料，右手握住小拉套，

轻轻一提慢慢靠，拉链顺滑拉得妙。

拉好拉链真傲娇，自己动手真有招。

（三）第三次共生过程

我的思考：

我对优化后的儿歌基本满意，又进一步思考如何增强亲子互动性，提升幼儿的学习效果。

> **提示语：**
>
> 现在的儿歌内容和韵律都没问题了。我希望能增加家长和幼儿互动的引导内容，比如动作示范、语言交流等，方便家长和幼儿在唱儿歌时，能一起完成拉拉链的学习。

豆包：

拉拉链小能手

小拉链，真奇妙，（家长和孩子一起指着衣服拉链，表现出好奇的样子）

好似火车钻隧道。（家长用双手做出火车钻隧道的动作示范）

齿牙对齐排排好，（家长和孩子一起把拉链两边的齿对齐，边做边说）

火车才能往前跑。（做出火车快速前进的动作）

左手捏紧一边料，（家长引导孩子伸出左手，拿住衣服的一边布料）

右手握住小拉套，（孩子伸出右手，握住拉链拉头）

轻轻一提慢慢靠，（孩子慢慢拉动拉头，家长在旁鼓励）

拉链顺滑拉得妙。

拉好拉链真傲娇，

自己动手真有招。（一起竖起大拇指，表扬孩子）

实践效果：

将 AI 生成的儿歌融入周计划发给家长后，家长反馈幼儿对学习拉拉链的兴趣明显提高。以前不愿意尝试拉拉链的小朋友，现在也愿意一边唱儿歌，一边动手尝试。在儿歌的帮助下，幼儿学习效率提升，能直接上手操作。之前操作时经常出现的拉链卡住的问题，也逐渐减少了。

三、拓展延伸

　　用 AI 编写生活技能儿歌，精准表达需求是关键。教师需细化教学目标，明确儿歌适用年龄段、技能要点与语言风格。同时，要根据家长指导能力和幼儿接受度，严格评估筛选 AI 生成内容，确保动作指导易操作、语言通俗易懂，发挥教师专业判断，让 AI 更好地服务教学。以"拉拉链"教学为例，儿歌形式成效显著，为教师和家长借助 AI 开展幼儿生活技能教学提供了宝贵经验。

案例贡献者

杨晓静

班主任老师

2020 年 11 月 1 日加入云谷

2-12 利用 AI 创造具有地域特色的节气儿童剧

适用场景	开学典礼、学校传统节日庆典、学校特色活动如戏剧节、学校教学活动等
推荐工具	ChatGPT 、DeepSeek、豆包
推荐理由	AI 可以在短时间内生成大量的创意内容，可以提供多个情节框架，节省人工构思时间；可以结合不同的节气元素，将自然现象与民俗文化融入剧本之中，提供丰富的素材，避免内容单一；还可以为剧本创作者提供新颖的角度和创意，拓宽创作者的思路。

一、背景介绍

二十四节气走进校园，最让孩子们喜欢的形式便是节气儿童剧。儿童剧本可以来自网络，也可以由教师自己撰写。但这些剧本往往存在以下问题：由于文化理解不足，难以深入传达节气的内涵；把握不准儿童视角，易陷入说教；地区特色突出使得剧本普适性低；创新性不足，易套路化。从教师自制角度看，存在的困难有：教学与创作时间冲突；资源支持有限；团队协作不畅；缺乏有效反馈机制等。

二、共生过程

我们想在 9 月新学年的开始以"处暑"节气排一个节气儿童剧。我们需要确定的是剧本面向的年龄段，我们的定位是幼儿园小班。

（一）第一次共生过程

提示语：

　　请以杭州地区处暑节气为背景，写一个面向幼儿园小班的处暑节气儿童剧，主题是开学了，适应新环境。要积极向上，充满期待。文中要出现关于处暑节气的一些气候特征（动植物）和民俗活动。

DeepSeek：

儿童剧：《处暑时节，我们开学啦！》

角色： 小兔子、小松鼠、小刺猬、猫头鹰老师、其他小动物

场景：

森林学校

处暑时节的森林（有桂花树、菊花丛、小河等）

剧情：

第一幕：开学第一天

（舞台布景：森林学校门口，桂花飘香，菊花盛开，小河静静流淌。）

（小兔子背着书包，怯生生地站在学校门口，小松鼠和小刺猬欢快地跑过来。）

小松鼠：嗨！你是新来的小兔子吗？我是小松鼠，欢迎来到森林学校！

小刺猬：我是小刺猬，很高兴认识你！处暑时节，天气凉爽，正是学习的好时候呢！

小兔子：（小声）你们好……我有点紧张，不知道能不能适应新环境。

小松鼠：别担心！我们会帮助你的。你看，处暑时节的桂花多香啊，我们一起闻闻花香，放松心情吧！

（小动物们一起闻花香，小兔子渐渐放松下来。）

第二幕：课堂上的惊喜

（舞台布景：教室，猫头鹰老师站在讲台前，黑板上画着处暑节气的图画。）

猫头鹰老师：同学们，处暑节气到了，天气渐渐凉爽，大雁开始南飞，蟋蟀在夜晚歌唱。你们知道处暑有哪些民俗活动吗？

小刺猬：我知道！处暑要吃鸭子，还可以放河灯！

猫头鹰老师：没错！处暑时节，我们还要注意早晚添衣，预防秋雨和台风。

（小兔子举手）

小兔子：老师，处暑的桂花好香啊，我们可以用桂花做些什么呢？

猫头鹰老师：好问题！我们可以用桂花泡茶，还可以做桂花糕呢！放学后，我们一起做桂花糕，好不好？

（小动物们欢呼雀跃）

第三幕、第四幕省略

（二）第二次共生过程

我的思考：

AI 给出的节气剧本，带有较强的说教意味，比较老套没有吸引力，而且更适用于小学年龄阶段的孩子，不适合幼儿园阶段。

提示语：

请把以上剧本中上课内容设定为幼儿园小朋友玩游戏的形式，并增加台上角色演员和台下观众互动的小环节。

DeepSeek：

《森林幼儿园的处暑奇妙课堂》

【幕启】

（背景音乐：秋虫鸣叫 + 轻快民乐）

旁白：处暑到，暑气消，森林幼儿园真热闹！今天我们要玩转处暑节气，台下的小朋友们准备好了吗？让我们一起喊：处暑快乐！

【互动环节 1】 台下小朋友集体喊"处—暑—快—乐！"

小熊老师：欢迎来到处暑节气游戏课堂！看，云朵精灵也来啦～

云朵精灵（飘着入场）：处暑时节，我要把暑气都带走啦！

[第一幕：秋千大冒险]

（背景：秋千架 + 枫叶装饰）

小熊老师：第一个游戏：荡秋千，送暑气！每荡一下，暑气就少一分！

小白兔（荡秋千）：1、2、3……

小熊老师：台下的小朋友们，请帮小白兔数数，数到 10 暑气就跑光啦！

【互动环节 2】 台下小朋友齐声数数，数到 10 时集体做暑气飞走的动作（双手向

上挥）

[第二幕：荷花池寻宝]

（背景切换为荷花池）

小老虎：处暑时节，荷花谢了，但留下了美味的莲蓬！

小狐狸（举起莲蓬）：里面有好多莲子宝宝！

小熊老师：现在请所有小朋友变身小农夫，跟着我学剥莲蓬。

【互动环节3】老师示范剥莲蓬动作，台下小朋友模仿，并学习用莲子数数

第三幕、尾声省略

　　从幕启和第一幕中，可以看见，修改后的剧本更加符合幼儿园小朋友的观剧形式，增加了互动的环节，剧目更加生动活泼。

实践效果：

　　观剧过程中，孩子们全神贯注、情绪高涨，与台上演员老师互动连连。（图2-12-1、图2-12-2）这种将节气元素融入儿童剧的方式，孩子们看得懂、听得懂，在笑声中就了解了处暑节气的特征。

图 2-12-1

图 2-12-2

三、拓展延伸

　　基于以上对话，在使用 AI 创造节气儿童剧时需要提前做好以下准备：

　　其一，明确主题和目标：确定剧本主题是围绕什么来展开，并设定年龄定位。

　　其二，对年龄段的学习方式有一定的认知，如幼儿阶段更喜欢游戏和互动。

其三，确认节气的所在地，确保在地化资源的利用，如杭州的莲蓬和酸梅汤。

其四，询问话术要详细，如：根据杭州地区的处暑节气特征进行互动设计。

其五，文中以节气剧为例，这种思考路径同样也可以适用于创作其他内容的儿童剧。

案例贡献者

鹿 伟

年级组教研组长 &
班主任老师

2019 年 7 月 1 日加入云谷

2-13 AI 编程赋能课程资源：
设计太阳系模拟互动网页

适用场景　制作个性化课程资源

推荐工具　Bolt（https://bolt.new）、V0（https://v0.dev）、Cursor

推荐理由　当传统资源搜索无法满足需求时，AI 编程可以帮助教师快速实现创意，尤其是在需要定制化课程资源或班级管理工具时，AI 编程能够提供高效的技术支持。

一、背景介绍

在日常备课中，教师常常需要花费大量时间寻找合适的新媒体课程资源。这些资源不仅要画面丰富、内容严谨、生动有趣，还要在内容和时长上符合儿童认知特点，最好具备一定的互动性。然而，找到完全符合要求的资源往往耗时耗力。在 AI 时代，教师可以利用 AI 工具自主制作符合教学需求的新媒体课程资源，从而节省时间并提升教学效果。

二、共生过程

在大班"地球村"主题教学中，小朋友们对太阳系表现出浓厚的兴趣。我计划通过绘本、视频、模型等多种形式帮助他们了解太阳系。然而，在搜索相关视频资源时，未能找到符合预期的内容。于是，我决定利用 AI 编程工具设计一个生动有趣、信息准确且适合大班幼儿的互动网页，以弥补视频资源的不足。

（一）第一次共生过程：基础框架搭建

> **提示语：**
>
> 　　请帮我设计一个模拟太阳系八大行星运转的网页。在网页中，八大行星和太阳的公转速度比例需与现实相符合，能够显示出实际的大小关系。公转速度及太阳系轨道大小适宜，网页整体自适应。

Bolt：

我已经创建了一个优雅的太阳系模拟器（图2-13-1），具有以下特点：

1. 比例关系：

● 行星大小按照真实比例进行缩放

● 公转速度基于真实的公转周期计算

● 轨道距离也保持相对比例关系

2. 交互特性：

● 悬停在行星上会显示行星名称

● 行星会放大以便观察细节

● 平滑的动画效果

3. 视觉设计：

● 深邃的太空背景、发光的太阳效果、优雅的轨道线条

4. 自适应设计：

● 响应式布局、自动适应不同屏幕尺寸

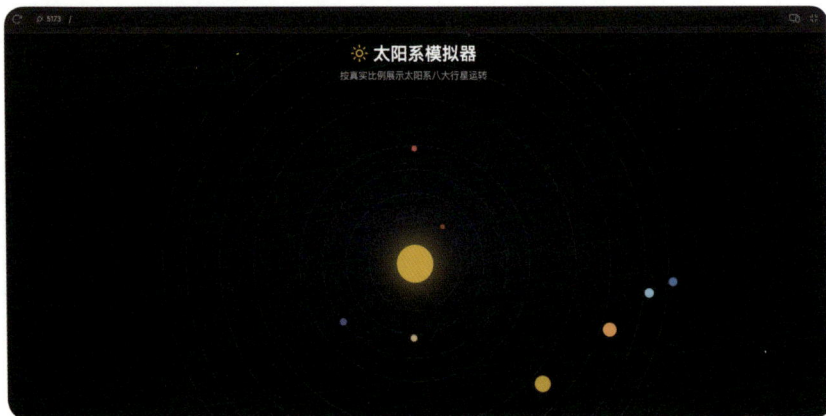

图 2-13-1　太阳系模拟系统效果图 1.0

（二）第二次共生过程：增加互动性和科普性

我的思考：

网页初步成型，小朋友们可以通过动画了解太阳系的基本运行规律，包括行星大小、公转速度等信息。同时，Bolt 在"互动特性"中自我发挥的"悬停在行星上会显示行星名称"给到我很大的启发，可以在网页上展示每个行星的科普，增强互动性。

> 提示语：
>
> 你是一个经验丰富的程序员，你会在修复后自行验证逻辑，并进行自我验证。请在页面左下角增加每个行星的交互。交互面板内有每个行星的图标，点击行星图标则会出现该行星的相关介绍，如：与太阳的距离，行星表面温度、体积大小、该行星特性等。数据科学严谨，语言需面向 5 岁左右的儿童。

Bolt：

我已经添加了一个儿童友好的行星信息面板（图 2-13-2），具有以下特点：

1. 位于页面左下角，半透明背景配合模糊效果，不影响太阳系的观看
2. 使用简单的按钮列表展示所有行星
3. 点击行星按钮可以查看该行星的详细信息
4. 信息包含：
● 与太阳的距离、行星表面温度、体积大小、行星特性
5. 所有描述都使用适合 5 岁儿童理解的语言
6. 使用表情符号增加趣味性
7. 数据都是科学准确的，但表述方式更生动形象

信息面板的交互很简单直观，适合儿童使用。当点击某个行星按钮时，该按钮会高亮显示，同时显示该行星的详细信息。

我已经验证了以下几点：

1. 所有行星信息准确且科学
2. 描述语言适合儿童理解
3. 交互逻辑正确
4. 面板位置不会干扰太阳系动画
5. UI 设计符合整体风格

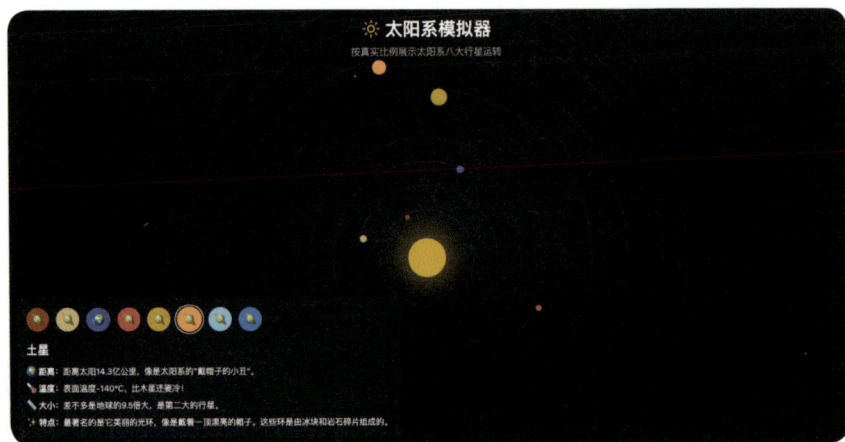

图 2-13-2　太阳系模拟系统效果图 2.0

（三）第三次共生过程：优化用户体验

我的思考：

交互面板的加入提升了网页的趣味性和科普性，但文字内容对小朋友来说仍有一定难度。我计划增加朗读功能和真实行星照片，以帮助小朋友更好地理解。此外，面板遮挡了部分轨道，需调整轨道大小。

提示语：

1. 请在行星介绍页面内插入一个朗读按钮，点击朗读按钮即可阅读该介绍页面内的文字，再次点击朗读按钮或跳转到其他页面时朗读自动暂停。2. 在每个行星介绍页面内插入真实的行星照片。3. 太阳系轨道大小调整成现在的 80%。

Bolt：

我进行了以下更改（图 2-13-3）：

1. 添加了文本到语音转换功能

2. 添加了真实的行星图像：

● 包含来自 Unsplash 的高质量行星图像

● 图像显示在行星信息上方的响应式容器中

3. 减小的轨道大小：

● 将所有行星轨道半径调整为原始值的 80%

● 保持行星之间的相对比例

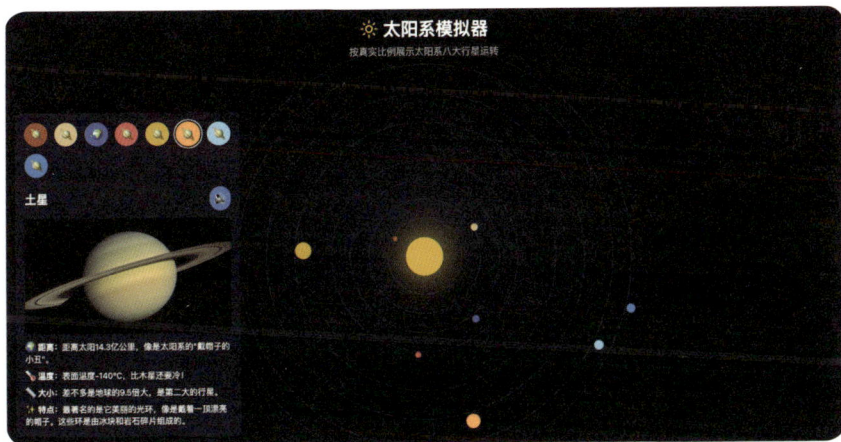

图 2-13- 3　太阳系模拟系统效果图 3.0

实践效果：

在集体活动中，我利用网页向孩子们介绍太阳系的基本信息，重点讲解了水星和金星。小朋友们表现出极高的专注力，并通过模拟器直观地了解到水星是离太阳最近且最小的行星。在后续的小组活动中，小朋友们借助网页和 AI 工具（如豆包）进一步探索太阳系的奥秘。（图 2-13-4、图 2-13-5）

图 2-13-4　幼儿使用 AI 生成的
网页认识太阳系

图 2-13-5　活动后幼儿对太阳系的绘画记录

三、拓展延伸

1. 目标明确，灵感涌现

AI 编程的目标性强，教师可以清晰地设定需求并逐步实现。同时，AI 的自主设计功能（如悬停显示行星名称）为教师提供了新的灵感，进一步优化了网页的互动性和趣味性。

2. 陌生领域的安全感

对于教师不太熟悉的领域（如天文学），AI 编程整合了丰富的信息源，确保了内容的科学性和准确性，减轻了教师的主观判断压力。

3. 资源共享与优化

AI 编程生成的网页可以轻松部署和分享，其他教师可以直接在此基础上进行个性化调整，实现资源的复用与优化。

AI 编程不仅是技术工具，更是教学创新的催化剂。它帮助教师从烦琐的资源搜索中解放出来，将更多精力投入教学设计和与学生的互动中。然而，AI 编程的使用仍需教师具备一定的技术素养和耐心，需要一定的学习时间成本，以充分发挥其潜力。教师在使用 AI 编程的过程中可以借鉴 AI 的语言反馈，掌握高效的编程需求语言。

案例贡献者

许　诺

班级老师

2020 年 8 月 10 日加入云谷

3

支持个性化发展评估

3-0 编织：让碎片化的信息变清晰

幼儿园教师每天要记录孩子的游戏对话、行为表现、作品成果，但这些信息往往散落在本子、手机、照片里——手写记录潦草难整理，录音视频没空回看，评估量表填到头晕。AI 就像一个"收纳师"，能把这些碎片化的语音、文字、图像自动归类，转化为清晰的观察记录和评估报告，让教师从"记录搬运工"变成真正的"儿童发展解读者"。

一、AI 的核心价值

AI 最擅长的，是帮教师把零散的信息拼成完整拼图。比如语音记录转文字，教师将儿童日常的行为表现用语音的形式告诉 AI，然后请 AI 整理成结构条理清晰的问题；AI 识别教师日常手写的儿童观察记录表格，自动进行归类和整理，形成儿童的发展情况。这样 AI 把教师从抄写、归类、制表的琐事中解放，让观察评估真正服务于教育改进。

二、使用方法

用好 AI 的关键，是教师先想清楚"我要解决什么问题"，例如"我想要评估孩子的阅读能力发展情况"，就告诉 AI 评估的指标，请它生成方便操作的量表；如果手头有一堆观察片段但没空整理，就对 AI 说请根据这些表格，生成一份幼儿精细动作统计表，它会自动标记数量，并给出建议。教师定好方向最为关键，一定要以终为始，知道观察和评估的真正目的是孩子的发展。

三、对教师的挑战

AI 虽快，但也不能完全将数据当真相，单纯的数字背后有时候会隐藏一些容易被忽视的细节。例如，统计出两个小朋友一起玩的频率很高，但教师要判断他们是真的在一起合作玩，还是只是喜欢同一类玩具，恰巧在一起平行游戏。在使用的过程中，教师一定要把 AI 的建议当作"参考书"而非"标准答案"，多问自己一句："这个结论和孩子真实的表现一致吗？"所以，教师用 AI 帮助自己之前，需要更多地去观察了解孩子，更多地去和孩子直接互动。我们给到 AI 的素材越多越全面，我们获得 AI 的支持才会更专业更有效。只有以专业判断驾驭 AI 工具，观察评估才不再是负担，而是读懂孩子、支持成长的桥梁。

3-1 应用 AI 设计评估幼儿阅读理解能力的量表

适用场景	进行日常活动观察，发现幼儿个体差异及需求，阶段性总结之前
推荐工具	DeepSeek 等大语言模型
推荐理由	在设计评估量表时，AI 可以快速将指标细化，还可以整理成一份方便打钩使用的表格，助力老师进行过程性评估，了解幼儿的当前发展水平。

一、背景介绍

　　学前教育不同于中小学教育，可以通过纸笔测验等方式了解幼儿的能力发展水平。我们经常通过过程性评估来了解幼儿的能力发展水平，但是在《3—6 岁儿童学习与发展指南》等文件中，部分领域的描述比较概括，利用 AI 可以将相应的指标细化，方便日常评估时使用。

二、共生过程

　　我想了解大班的孩子们在阅读理解能力上的发展情况，在了解他们能力水平的基础上为每一个孩子制定这方面的成长计划，提供个性化支持，也可以统计整体的能力水平，为班级的课程进行侧重设计。于是我请 AI 和我一起细化《3—6 岁儿童学习与发展指南》中的指标并制作一份方便使用的量表。

（一）第一次共生过程

与 AI 完整
对话 3-1

提示语：

这是大班幼儿在语言领域阅读理解能力的指标：

1. 能说出所阅读的幼儿文学作品的主要内容。

2. 能根据故事的部分情节或图书画面的线索猜想故事情节的发展，或续编、创编故事。

3. 对看过的图书、听过的故事能说出自己的看法。

4. 能初步感受文学语言的美。

我想在日常活动中对孩子这方面能力进行评估，你能帮我将这些指标细化成一份量表，方便我进行过程性评估吗？

DeepSeek：

以下是为大班幼儿设计的语言领域过程性评估量表，根据您提供的四个指标细化而成。量表采用四级评价体系（★表示发展水平），方便教师在日常活动中观察记录：

语言领域文学素养过程性评估量表（大班幼儿适用）

评估指标	观察细化要点	★★★★ 优秀	★★★ 良好	★★ 达标	★ 待提高	观察记录
1. 理解与复述能力	1.1 能准确说出故事中的主要角色 1.2 能按顺序复述 3 个以上关键事件 1.3 能描述故事结局					
2. 预测与创编能力	2.1 能根据画面／情节提出 2 种以上合理猜想 2.2 续编故事符合原有逻辑 2.3 创编故事有完整结构（开头—发展—结尾）					

（续表）

评估指标	观察细化要点	★★★★ 优秀	★★★ 良好	★★ 达标	★ 待提高	观察记录
3. 批判性思维表达	3.1 能说出"我喜欢 / 不喜欢……"并说明原因 3.2 能将故事与生活经验相联系 3.3 能指出故事中不合理的情节					
4. 文学审美感知	4.1 能主动模仿故事中的优美词句 4.2 会指出"听起来很好听"的语句 4.3 朗读时能体现情感变化					

观察方法与记录示例：

……

使用建议：

……

配套工具推荐：

……

（二）第二次共生过程

我的思考：

　　AI 细化的指标比较合理，但是这套量表在使用时并不方便，每次使用时还需要评估孩子的能力属于哪个级别，于是我进行了第二次对话，更加细致地说明了我的需求。

提示语：

　　这样的表格在使用时不方便，我需要纵向的是这四个指标，横向分为三个阶段，基础—生长—成熟，每个阶段都有相应指标的描述，这样在做评估时，我只需要找到对应的描述打钩就知道孩子的现阶段水平。

DeepSeek：

根据您的需求，重新设计纵向指标＋三阶段横向描述的勾选式评估量表，以下是优化后的版本：

大班幼儿语言领域文学素养阶段评估表

幼儿姓名：＿＿＿＿＿＿＿　观察周期：＿＿＿＿＿＿＿　记录人：＿＿＿＿＿＿＿

评估指标	基础阶段（萌芽期）	生长阶段（发展期）	成熟阶段（稳定期）	勾选
1. 理解与复述能力	☐ 能说出 1—2 个主角名称 ☐ 记忆单页画面内容 ☐ 需提示下回忆片段	☐ 独立复述 3 个关键事件 ☐ 能用"然后""后来"连接情节 ☐ 能说出故事大概结局	☐ 完整复述起承转合 ☐ 能补充角色对话细节 ☐ 主动比较不同版本故事的差异	
2. 预测与创编能力	☐ 根据单幅画面猜测 1 种后续 ☐ 续编 1—2 句话 ☐ 需要示范引导	☐ 根据多图联想 2 种可能性 ☐ 续编故事有基本逻辑 ☐ 会使用"如果……就……"句式	☐ 创编包含冲突—解决的结构 ☐ 能设计出乎意料的结局 ☐ 为角色添加新特质（如善良的巫婆）	
3. 批判性思维表达	☐ 简单表达喜好（如"我喜欢小狗"） ☐ 指出明显不合理处（如"兔子不会飞"） ☐ 复述他人观点	☐ 说明理由（如"小猪勤劳所以成功"） ☐ 联系自身经历（如"我也丢过玩具"） ☐ 提出修改建议	☐ 辩证思考（如"大灰狼虽然坏但对孩子好"） ☐ 多角度评价（语言／画面／道理） ☐ 推测作者意图	
4. 文学审美感知	☐ 重复有趣拟声词（如"哗啦啦"） ☐ 指出鲜艳的画面色彩 ☐ 跟随节奏拍手	☐ 模仿重复句式（如"越来越……"） ☐ 描述画面美感（如"星空像宝石"） ☐ 朗读时有表情变化	☐ 创造性运用文学修辞（自编比喻句） ☐ 分析语言美（如"这句话像唱歌"） ☐ 改编故事韵律	

使用说明

……

记录工具包

……

（三）第三次共生过程

我的思考：

　　这样的表格已经基本符合我的需求，但是我还是希望更简单一些，这次的表格中每一个格子里有多个描述，还可以再进行优化，让我在使用时能更容易定位到相应的阶段。

> **提示语：**
>
> 　　这个表格还是有些复杂，使用时可能无法快速定位，你能帮我再简化一下吗？

DeepSeek：

以下是进一步简化的快速定位评估表，采用单行分段式设计，每个指标仅保留核心特征描述，并用颜色标签直观区分发展阶段：

大班语言文学素养发展速查表

幼儿姓名：_____　　　　观察日期：_____

评估指标	基础阶段	生长阶段	成熟阶段	勾选
1. 理解与复述	说出主角 + 简单事件（如"小熊去爬山"）	连贯复述 3 个事件（用"先一然后一最后"连接）	完整还原细节（添加角色对话 / 心情）	□□□
2. 预测与创编	单图猜想 1 个后续（需提问引导）	多图创编合理情节（有简单因果关系）	设计创新故事（含转折 / 伏笔）	□□□
3. 评价与反思	简单喜好表达（"我喜欢小狗"）	联系生活 + 提建议（"应该分享才快乐"）	多角度深度解析（"作者想告诉我们……"）	□□□
4. 审美与表达	模仿有趣词句（重复拟声词 / 重复句）	描述语言美感（"这句话像唱歌"）	创造性运用修辞（自编比喻 / 押韵句）	□□□

使用技巧

1. 3 秒定位法：

● 每列仅阅读加粗关键词（如"单图猜想"→基础）

● 直接在最符合的色块列打钩（🐑/ ❀ / 🚀）

2. 精简记录范例：

10.8 区域活动|小雅复述《月亮的味道》时模仿："咔嚓，像薯片一样脆！"→ 4.🚀

3. 进阶箭头标记：

若幼儿表现介于两阶段，用箭头标注发展方向：

√ 🌱→✿（基础向生长过渡）

√ ✿←🚀（成熟期巩固中）

配套工具

● 速记贴纸：准备 🌱绿、✿黄、✿红圆形贴纸，直接粘贴在对应列

● 能力发展快照：每月拍摄幼儿故事表演视频，截图打印后标注对应阶段符号贴于表后

此版本将每个阶段的描述浓缩为不超过 10 字的核心行为，并通过符号化设计实现扫视速判，教师可在观察时直接用马克笔在塑封表格上勾画。

实践效果：

在打印使用时，我去掉了最后一列"勾选"，直接勾选在中间的表格内，首先熟悉中间的生长阶段的四个指标，这样在评估时只需要评估孩子的能力是高于生长还是低于生长或是符合生长，这样就能快速完成评估。

三、拓展延伸

在案例中，我制作了阅读理解能力的量表，对于《3—6 岁儿童学习与发展指南》中其他领域的指标，AI 同样可以进行分析。许多幼儿园也有为本园幼儿设定的个性化发展目标，也可以通过这个方法进行量表的制作，支持幼儿的发展。需要注意的是，在细化指标的过程中老师仍然需要思考 AI 生成量表的科学性，以审慎的态度使用 AI。

案例贡献者

陈枭骁

班主任老师

2018 年 9 月 17 日加入云谷

3-2 应用 AI 整理幼儿语言学习证据生成阶段学习报告

| 适用场景 | 期末评估报告撰写 |

| 推荐工具 | ChatGPT、DeepSeek |

| 推荐理由 | 在实际操作中，老师们只需将日常积累的素材，如孩子们课堂上的精彩发言、进步细节等，按照一定的逻辑顺序提供给 ChatGPT 或 DeepSeek。它便能迅速发挥其强大的语言组织能力，将这些看似零散的信息编织成精美的文本，避免重复性劳动，让教师将精力聚焦于润色与个性化补充。 |

一、背景介绍

每学期末的语言评估报告都是幼儿成长的重要见证，也是连接学校与家庭的关键纽带。然而，面对数十份报告的撰写需求，教师常需耗费大量时间将碎片化的观察素材转化为结构清晰、情感充沛的文字。AI 工具的介入，如 ChatGPT、DeepSeek 等，正逐渐成为教师的智能助手，为这一过程注入效率与创意。

二、共生过程

（一）第一次共生过程

与 AI 完整
对话 3-2

在探索 AI 辅助教育评估的实践中，我尝试将日常的观察记录转化为专业评估报告。以下是我在 ChatGPT 的首次尝试的节选。

提示语：

　　我是一名幼儿园老师，请帮我生成一名幼儿的英文版语言领域期末评估报告，幼儿信息如下：David，男，他曾在 UK Day 穿着哈利·波特服装用英文向小朋友们展示了让水变色的魔术，并且在制作三明治的过程中与老师互动。他曾在教室里和 AI 智能体 Sam 用英文聊天，讨论加利福尼亚的天气和动物；他能够在便利店用英文向店员询问商品的价格；能用"interesting""insightful"等词汇评价与别人分享的感受。他在售卖自己的手工作品"手机"时用丰富的语言介绍自己的产品。他成功完成了两次 show and tell。他可以帮助其他小朋友翻译。他曾导演一场关于森林动物的戏剧。可以阅读英文绘本里的长句，并结合图片信息大致复述故事内容。

ChatGPT：

1. Language Expression Ability

David has demonstrated excellent language expression skills throughout the term. He can comfortably use English in daily conversations and has a rich vocabulary. Notably, when expressing his feelings or providing feedback, he can skillfully use words like "interesting," "insightful," and other descriptive terms to evaluate others' shared experiences.

(1) Oral Communication：David is fluent in English and confidently communicates in various settings. For example, during the UK Day event, he wore a Harry Potter costume and performed a water-changing magic trick for his peers, clearly explaining the trick in English. While making sandwiches, he actively interacted with the teacher, expressing his ideas and requests clearly.

(2) Contextual Application：David is able to use English effectively in real-life situations, such as when he asked the store clerk about the price of products during a visit to a convenience store. He was also able to introduce and describe his handmade "phone" in rich detail when selling it, showcasing his strong language skills in product presentation.

(3) Show and Tell：David successfully completed two Show and Tell presentations. He was confident in sharing his stories with his peers, demonstrating his ability to organize his thoughts and express himself

clearly during these presentations.

……

[译文]

1. 语言表达能力

（1）David 在本学期展现了出色的语言表达能力。他能够轻松地在日常对话中使用英语，并且词汇量丰富。特别是在表达自己的感受或提供反馈时，他能够巧妙地使用 "interesting" "insightful" 等词汇，以及其他描述性词语来评价与他人分享的经历。

（2）口语交流：David 能够流利地使用英语，并且在各种场合中自信地进行交流。例如，在 UK Day 活动中，他穿着哈利·波特的服装，为同学们展示了一个让水变色的魔术，并用英语清晰地解释了魔术的原理。在制作三明治时，他积极与老师互动，清楚地表达了自己的想法和需求。

（3）情境应用：David 能够在现实生活中有效地使用英语，比如他曾在便利店里向店员询问商品的价格。当他售卖自己亲手制作的"手机"时，也能够用丰富的语言详细介绍自己的作品，展示了他在产品展示中的语言表达能力。

（4）Show and Tell：David 成功完成了两次 "Show and Tell" 展示。他自信地与同学们分享自己的故事，展示了他在组织思维和清晰表达方面的能力。

……

我的思考：

　　这个文本与我所期望的有很大差距。首先，在格式上，我需要的是一段描述性的文字，而不是一篇生硬的报告。其次，我希望评语的语气更加富有情感，而不是机械化地描述。同时，现有的评语字数过多，我希望能够增加更多的限制条件，以便生成更加精简且符合要求的内容。因此，我决定通过"角色设定"来引导 AI 帮我生成更加贴合需求的文本。以下是具体的角色设定：

提示语：

角色：

　　幼儿园大班期末评估报告评语专家

技能：

　　—关注学生英语语言学习领域发展

- 擅长写个性化且富有情感的评语
- 能从多维度（跨文化兴趣、生活英语、课程英语、自然拼读、未来发展）评价学生

背景知识：

- 个性化评价撰写技巧
- 幼儿语言学习发展特点

目标：

- 为学生写富有温度、鼓舞人心的评语
- 全面、客观地展现学生的优点和潜力
- 用积极正面的语言激励学生成长

文本要求：

- 语言亲和、自然
- 字数在 400 字左右
- 语言为英语
- 突出学生的独特性和潜力

学生基本信息：

姓名	性别	语言等级	跨文化兴趣	生活英语	课程英语	自然拼读
David	男	L4	在 UK Day 穿着哈利·波特服装用英文向小朋友们展示了让水变色的魔术，并且在制作三明治的过程中与老师互动。	— 在教室里和 AI 智能体 Sam 用英文聊天，讨论加利福尼亚的天气和动物； — 在便利店用英文向店员询问商品的价格； — 能用"interesting""insightful"等词汇评价与别人分享的感受。 — 售卖自己的手工作品"手机"时用丰富的语言介绍自己的产品。	— 成功完成了两次 show and tell — 可以帮助其他小朋友翻译。 — 曾导演一场关于森林动物的戏剧。	可以阅读英文绘本里的长句，并结合图片信息大致复述故事内容。

输出格式：

- 总结本学期的成长
- 对学生不同方面的具体评价并简单举例

—— 鼓舞人心的结语

—— 充满关爱和期待的语气

任务顺序：

1. 理解学生的个人特质

2. 分析学生的优点和潜力

3. 撰写富有温度的评语

[400字左右的评语内容]

ChatGPT：

（以下是ChatGPT生成的文本）

David has had an outstanding term, demonstrating significant growth in his language skills and social development. His passion for learning and his ability to use English creatively have truly set him apart as a curious, confident, and engaging student.

One of David's strongest qualities is his ability to use English in a variety of contexts. During UK Day, he amazed his peers by performing a water-changing magic trick in English while dressed as Harry Potter, demonstrating not only his creativity but also his clear communication skills. He also shows great initiative in real-life situations, such as asking store clerks for product prices in English. This ability to use English in everyday interactions shows his growing confidence and practical understanding of the language.

......

[译文]

David在本学期表现出色，在语言技能和社交发展方面取得了显著进步。他对学习的热情以及用英语创造性表达自己的能力，真正让他在人群中脱颖而出，成为一名充满好奇心、自信并且积极参与的学生。

David最突出的特点之一是他能在多种情境下使用英语。在UK Day活动中，他穿着哈利·波特的服装，用英语为同学们展示了一个让水变色的魔术，这不仅展示了他的创造力，也证明了他清晰的表达能力。他还能够在日常生活中灵活使用英语，例如曾用英语向店员询问商品价格。这种将英语应用于实际生活中的能力，体现了他日益增长的自信心和语言实际运用能力。

……

可以看出，这次 ChatGPT 生成的评语非常出色。语言流畅，阅读起来易于理解，且充满鼓励的语句。此外，ChatGPT 还通过具体案例有效地提炼了 David 背后的学习品质，展现了不错的分析能力。评语在格式和字数方面符合要求，极大地减轻了教师的基础工作负担。然而，部分表述仍需根据实际情况进行调整，有些描述可能需要用更贴近具体场景的表达方式进行替换。

三、拓展延伸

AI 工具显著提升了评语撰写的效率，但其局限性在于对教育的特殊情境的理解深度不足。因此，教师仍需扮演"终审者"角色：严格审核，确保评价客观准确，建议切实可行；补充细节，添加 AI 未捕捉的个性化观察（如学生独特的学习习惯或突破性进步）；情感注入，通过温暖的语言强化评语的鼓励性与期待感。

此外，ChatGPT 的应用亦可延伸至日常的教育观察与个性化支持。教师可通过语音输入课堂的互动片段（如幼儿合作对话），直接生成社交技能分析报告；通过简略描述关键事件（如"莉莉主动邀请同伴一起游戏但遭拒绝而哭泣"）快速获取家园共育建议；结合电子文档记录幼儿行为关键词（如"主动分享玩具""尝试用筷子"等），ChatGPT 可周期性总结幼儿发展进程并推荐针对性主题活动。

总而言之，唯有将 AI 的高效与教师的专业洞察相结合，期末评估报告才能真正成为记录成长、连接家校的桥梁，才是拥有灵魂的"看见"。

案例贡献者

张元俐

双语老师

2020 年 5 月 12 日加入云谷

3-3 应用 AI 创建智能体辅助教师撰写观察记录

适用场景	任何形式的儿童观察记录撰写（比如日常观察记录、区域游戏观察记录、学习故事撰写等）
推荐工具	豆包、通义千问等
推荐理由	可以充分有效使用碎片时间。教师在手机端用语音输入对幼儿的观察，AI 帮忙生成观察记录初稿，极大地提高工作效率，补充人脑存储量的不足。

一、背景介绍

在幼儿园，我们经常提到要"看见儿童"。捕捉和记录孩子们在幼儿园的精彩瞬间，是我们看见的一种方式。不知大家平时都是怎么做幼儿观察记录的呢？我曾经是用小本子或手机记录孩子们的日常点滴。但现在，我创建了一个 AI 智能体，名为"眉庄"，它是我的工作伙伴，帮助我更好地看见儿童。

二、共生过程

眉庄可不是一天练成的，我们经历了很长一段的磨合。接下来，我会通过两个具体的案例和大家分享如何使用 AI 来进行幼儿观察记录的撰写，希望大家能够从中收获和 AI 对话的小秘诀。

案例一：撰写幼儿观察记录

（一）第一次共生过程

> **提示语：**
>
> 请你帮我给小花写一个幼儿园的观察记录。

通义千问：

幼儿园观察记录：小花

观察日期：[具体日期]

一、观察背景

小花是一个活泼可爱的小女孩，在幼儿园的集体生活中逐渐展现出她独特的个性与发展特点。本次观察旨在深入了解小花在幼儿园一日活动中的社交、学习、自理等方面的表现，以便更好地支持她的成长与发展。

二、观察内容

（一）社交互动

在晨间活动时，小花……（此处省略 1 000 字）

通过本次对小花的观察记录与分析……

（二）第二次共生内容

我的思考：

这条回复可以说是放之四海而皆准，无比笼统，丝毫体现不出幼儿的真实特点和特征，对于幼儿园任何一个小女孩都适用。于是，我发现了两个问题：1. 这不是我看见的儿童，这条记录不是真实的。2. 这不符合我所在幼儿园对于幼儿观察记录撰写的要求。发现这两个问题之后，我稍稍修改了我的指令。

提示语：

请你结合我观察到的小花的行为、语言和反应来帮我给小花撰写幼儿观察记录，字数大概 250 字，使用第三人称。

小花在晨间运动的时候，她勇敢地尝试了天梯，先是一只手握住第一根杆子，接着摇摆身体用另一只手握住了第二根杆子，就这样向前行走了 5 个杆子，然后力气不够了就跳了下来。老师说：你也太棒了吧！她一脸满足地笑笑，感受到了自己的力量。在一旁观看的小朋友也露出了钦佩的眼神。

通义千问：

> 幼儿园观察记录：小花
>
> 小花在晨间运动中表现出了令人钦佩的勇气。面对具有挑战性的天梯，她毫不畏惧地开启了尝试之旅。她先是稳稳地单手握住第一根杆子，随后巧妙地摇摆身体，成功用另一只手握住第二根杆子，一步一步坚定地向前行进。顺利走过 5 个杆子后，因力气稍显不足而跳下。老师见状不禁夸赞："你也太棒了吧！"小花听到表扬后，脸上绽放出满足的笑容，那笑容中透露出她对自己力量的新认知与自信。周围观看的小朋友们也纷纷投来钦佩的目光，小花的勇敢尝试不仅提升了自我，也成了同伴们眼中的小榜样，激励着大家在运动中勇于突破自我。

实践效果：

修改后的观察记录不仅突出了关键信息，语言的描述也很生动和具有画面感。这样的观察记录不仅体现了教师看见儿童的专业视角，同时也把儿童当下的成长点完整记录下来并反馈给家长。

案例二：幼儿学习故事

明确的指令和清晰的语言描述是成功的关键。在进行学习故事撰写的时候，你会对一个幼儿在某一个活动或者某一个区域进行长时间的观察，你需要做的就是把不同阶段的观察记录告知 AI，并邀请它帮忙完成书写。下面以初初和磁铁的故事为例，分享给大家如何使用。

（一）第一次共生内容

与 AI 完整
对话 3-3

提示语：

> 日期：10.4。教室里的益智区投放了新的玩具——磁铁套装（有条形磁铁、马蹄形磁铁、磁粉、回形针、小鸭子纸片等），初初对新玩具很感兴趣，在区域游戏的时候就开始探索，玩单个的磁铁，以及不同材料组合的磁铁。初初说：我发现回形针可以被吸住，小鸭子（纸片）不可以。
>
> 日期：10.6。班里发起了寻找 10 个能够被磁铁吸上来的物品大挑战，初初举手第一个参与。他在区域时间的时候拿着磁铁到处吸，发现了教室里很多可以被吸住的玩具，比如闹钟表盘最中间的那个钉子，以及存钱罐，他把这些物品都用

画画的方式记录下来，完成了挑战。

日期 10.12。初初在区域时间玩的时候，对小花说，你不要用磁铁去吸电视机和电脑，因为磁铁会把它们弄坏的。过了一会儿，初初把黑板上的超强磁铁拿来，对老师说："我知道它应该涂什么颜色的，应该是红色的。因为我拿着这个（条形磁铁）的红色一头吸的时候，它会移开，说明它们是一个颜色的。"

通义千问：

学习故事：磁铁小探险家初初

......

学习故事

10 月 4 日：探索磁铁的奥秘

初初第一次走进益智区时，眼睛被新投放的磁铁套装吸引了。他拿起条形磁铁，尝试吸起回形针，惊喜地说："它能吸住！"又拿起一张小鸭子纸片尝试了一下，发现并没有成功。初初皱了皱眉头，很快得出了结论："回形针可以被吸住，小鸭子不可以。"......

10 月 6 日：挑战中的发现

班级发起了"寻找 10 个能够被磁铁吸住的物品"的大挑战，初初第一个举手参与。他拿着磁铁在教室里四处探索，发现闹钟表盘中心的小钉子和存钱罐都能被磁铁吸住。他兴奋地用画笔记录下每个被磁铁吸住的物品，画得认真而详细。他完成了挑战并得到了教师和同伴们的赞赏，脸上露出自豪的笑容。

10 月 12 日：分享与延伸

在区域游戏时间，初初对正在尝试用磁铁吸电视机的小花说道："你不要用磁铁去吸电视机和电脑，因为磁铁会把它们弄坏的。"这一提醒展现了他在探索磁铁特性时的安全意识。......

解读与分析

兴趣与探索精神

初初对磁铁充满好奇，从最初的操作到后续的挑战，再到延伸的推测，展示出了主动探索的热情和较强的观察能力。......

语言表达与分享能力

初初能清晰地表达自己的发现，并主动与同伴和老师分享他的见解，......

逻辑推理能力

初初在发现"红色磁铁同极相斥"时，不仅观察了现象，还尝试推测其背后的原因，初步表现出了科学探索的逻辑性。

后续支持与计划

1. 深化磁铁探究活动

增设磁铁相关的探索任务，例如"设计一个能用磁铁运送回形针的小车"，支持幼儿在操作中理解磁铁的应用。

……

2. 延伸科学探究兴趣

在益智区提供与磁铁相关的故事书或科普资料，例如《好玩的磁铁》，帮助孩子建立更系统的认知。

……

实践效果：

　　AI 的回复体现了它对撰写学习故事篇章结构的理解，它根据场景的描述帮我自动撰写了"解读与分析"和"后续支持与计划"的部分，在阅读之后我觉得它完成得很不错，尤其是后续支持部分，它同时也给了教师很多如何丰富学习环境的想法，是我的得力助手。

三、拓展延伸

　　和 AI 的交互过程中，我见识到了 AI 的强大和潜力。同样也让我意识到和 AI 交互的时候，指令的精准性有多么重要。在描述的时候不仅要说明观察记录撰写的具体要求，为了让幼儿观察记录更加生动和体现他 / 她的个人特征，还需要增加很多细节（尤其是幼儿原汁原味的语言表达、当下的行为以及和老师同伴之间有什么样的互动，他 / 她又有什么样的反应），所以经过我的梳理，我有了这一张提示语小清单。

提示语：

场景幼儿的行为具体发生在什么场景下？（集体教学，区域活动，户外运动）

幼儿的行为和语言（越具体越好）

幼儿当下的反应

举个例子，你可以这样跟 AI 说：

场景：小班户外区域，幼儿在沙坑里挖沙玩。

行为：小明挖了一个坑，然后把沙子堆起来，嘴里说"我要建高楼"。他看到其他小朋友在玩模具，走过去拿了一个小桶。

反应：沙子没装满桶时，小明皱了眉头，把沙子倒出来重新装，反复几次后成功装满，高兴地大喊"我成功啦!"

在撰写学习故事的时候，教师要会观察且会记录关键性事件／语言，这样 AI 输出的文本才能体现出幼儿学习的进程，教师要有目的、有预设地去观察，就像做饭一样，教师提供的素材是新鲜的原材料，它直接决定了 AI 做的这顿饭好不好吃，有没有营养。教师在记录的时候有这样一个小清单可以参考：

日期 + 场景

和材料发生了什么样的互动？

和上一次互动相比有什么不一样和进步点？

未来和 AI 合作的形式可以是这样：教师平日对幼儿所做的点滴观察和记录是一个个关键的点，AI 把这些点连接起来——教师和 AI 共同编织出一个完整的故事。

案例贡献者

杨　婷

班级老师

2020 年 4 月 9 日加入云谷

3-4　利用 AI 整理幼儿碎片化记录形成个性化教育方案

适用场景	日常幼儿观察、期末家长会谈记录、教师观课记录
推荐工具	ChatGPT、DeepSeek 等大语言模型、万能文字识别 App、Google Lens App
推荐理由	AI 协助将手写记录转化为可视化数据，便于后续追踪分析，并可与团队成员共同讨论，提高教学精准度。

一、背景介绍

在幼儿园日常教学中，教师会时刻观察记录孩子们的游戏与互动，传统的手写记录往往零散且难以系统整理，使用 AI 将这些观察转化为可视化数据，不仅能帮助教师掌握每个孩子的发展趋势，还能根据数据提供活动设计的改进方案，协助教师拓宽思路，调整教学策略。

二、共生过程

平时，我习惯通过手写的方式即时记录幼儿在各个区域的活动、互动情况以及日常突发事件。在英语课堂中，我特别关注记录孩子们在集体活动和分组合作中的语言学习表现；在日常互动中，捕捉他们突然发出的英文单词或句子。为了提升手写记录的可视化效果，并通过数据分析更全面地了解幼儿一周甚至一个月的语言发展，我尝试使用 Google Lens 将手写内容转化为数字化文字，初步解决记录整理上的难题。

与 AI 完整
对话 3-4

（一）第一次共生过程

手写内容转化为数字化文字操作步骤如下：

步骤一：使用 Google Lens 的"搜寻照片上的文字内容"功能，将手写的幼儿记录转换为数字化文字。（图 3-4-1）

步骤二：将扫描出的文字粘贴到 Word 文档中进行编辑和整理。（图 3-4-2）

步骤三：将整理好的文字输入 ChatGPT，生成表格。（图 3-4-3）

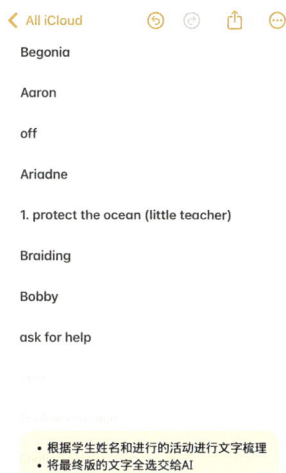

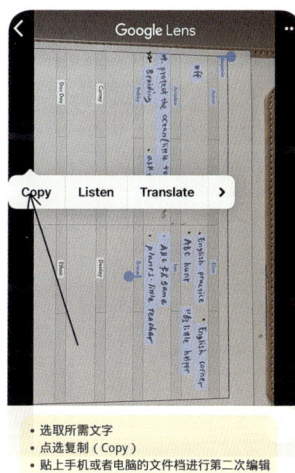

图 3-4-1　　　　　　　　图 3-4-2　　　　　　　　图 3-4-3

提示语：

请将这些文字（图 3-4-3）的内容根据姓名、日期和观察记录生成表格。

ChatGPT：

基于您提供的信息，下面是 Aaron, Elon 和 Ariadne 在 11 月份的观察记录的总结。（图 3-4-4）

在上述过程中，ChatGPT 初步将零散的文字转换为表格形式，提升了阅读的顺畅度。然而，我希望进一步优化分类，将记录划分为"区域游戏"和"英语输出"两个主要板块，使后续的数据分析更加高效。

基于您提供的信息，下面是Aaron, Elon, Ian, 和Ariadne在11月份的观察记录的总结：

名字	11/21/2023	11/22/2023	11/23/2023
Aaron	休息(off)	休息(off)	返回，跟随多多(Back，多多跟去)
Elon	英语练习(English practice)	ABC寻宝游戏需要地点(ABC hunt needs place)，英语角(English corner)	小助手(little helper)
Ian	玩ABC卡片游戏(play ABC card game)	植物，小老师(plants，小老师)	非常有帮助(very helpful)
Ariadne	海洋故事，保护海洋(ocean story, protect at the ocean)(teacher)	辫子(Braiding)	寻求帮助(ask to help)

这个表格反映了在11月21日到11月23日三天内这四个观察对象的活动和表现。如果这个时间范围内还有其他天的记录，或者需要包括更多人的记录，或者有任何其他的更新，请告知。

图 3-4-4

（二）第二次共生过程

我的思考：

ChatGPT 初步协助我将零散的文字转换为表格形式，提升了阅读的顺畅度。同时，激发了我进一步优化分类方式的灵感，在手写记录时，先将内容划分为"区域游戏"和"英语输出"两个主要板块（图 3-4-5），使后续的数据分析更加高效。

提示语：

请识别以下图片，帮我生成表格，整合两天的数据，并按照姓名、区域游戏、语言学习进行分类。在语言学习部分，请按行列格式列出。在区域游戏部分，以下数值代码对应不同活动，请将其转换为文字：01：剌工、02：折纸、03：轻黏土、04：勺子移水、05：剌工高阶。

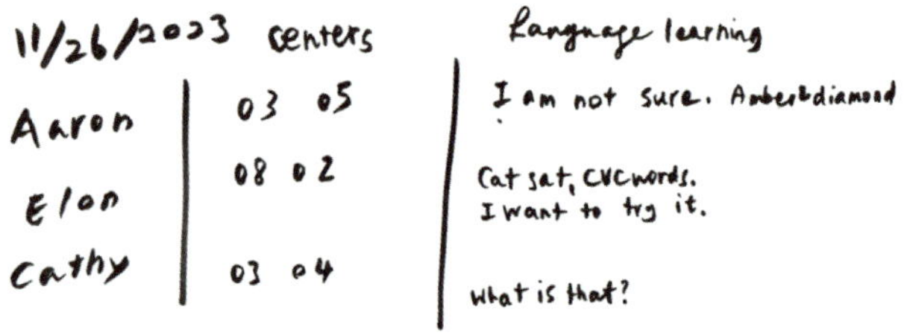

图 3-4-5　将手写记录内容先划分为两个板块（区域游戏和语言学习）

ChatGPT：

根据您提供的图片，我已经生成了一个整合两天数据的表格，如下：

姓名	区域游戏	语言学习
Cathy	轻黏土、勺子移水	What is it?
Elon	英语字卡、折纸	Can you please help? Cat, sat, words. I want to try it.
Aaron	数学描写、轻黏土	I am not sure. Amber. Diamond

图 3-4-6

（三）第三次共生过程

我的思考：

ChatGPT 协助我将手写的分类与观察记录整合成清晰易读的表格。在数据记录的过程中，我进一步尝试使用 iPad Mini 的手写功能进行数字化记录，并结合不同颜色进行分类，以提升数据的可视化效果和整理效率。我用红色标记语言输出，绿色标记教师观察，蓝色标记教具操作。（图 3-4-7、图 3-4-8）接着，我请 ChatGPT 协助分析表格，并将这些数据整合成新的表格。

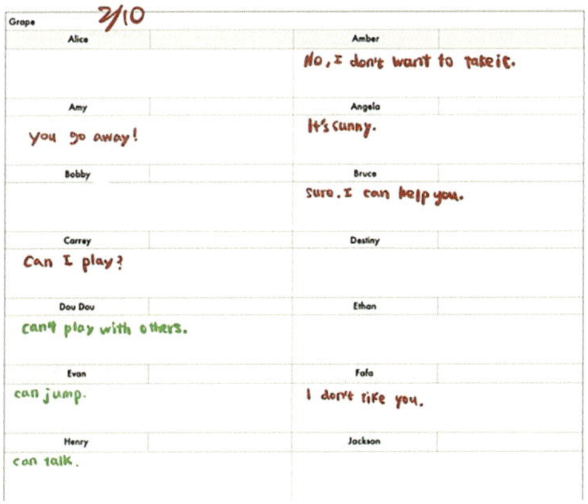

图 3-4-7　红色标记语言输出，绿色标记教师观察

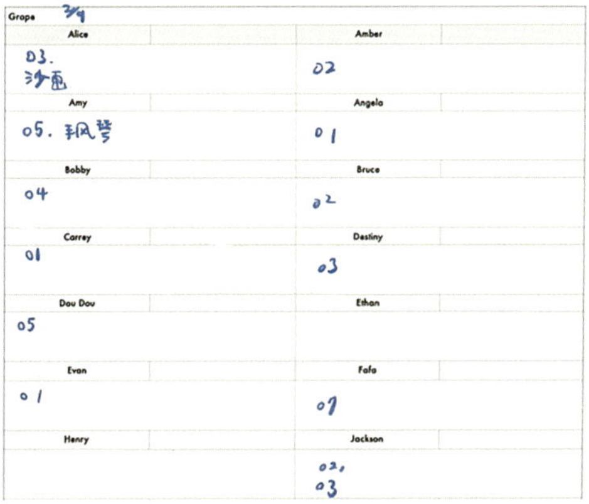

图 3-4-8　蓝色标记教具操作

提示语：

请协助分析这 2 份表格（图 3-4-7 、图 3-4-8），并整理成新的数据表。红色为孩子的语言输出，绿色为教师观察，蓝色数字对应活动（01 刺工、02 折纸、03 轻黏土、04 勺子移水、05 刺工高阶）。请整合所有学生的数据，确保无人遗漏。

ChatGPT：

当然可以，以下是整理后的表格，按照"姓名""语言输出""教师观察"和"区域活动"条列出了每一位孩子的观察记录。（图 3-4-9）

	Name	Spoken Words (Red Text)	Teacher Observation (Green Text)	Activity (Blue Numbers)
1	Alice	I'm good.		03 (轻黏土), 沙画
2	Amber	No. I don't want to!		02 (折纸)
3	Angela	No way.		01 (剪工)
4	Amy	You go away.		05 (剪工高阶), 手风琴
5	Bobby		Shy	04 (勺子移水)
6	Bruce			02 (折纸)
7	Carrey	Can I play?		01 (剪工)
8	Destiny	Sure. I can help you.	Can't focus	03 (轻黏土)
9	Dou Dou		Can't play with others	05 (剪工高阶)
10	Ethan		Can jump	01 (剪工)
11	Evan			01 (剪工)
12	Fafa	I don't like you.		01 (剪工)

图 3-4-9　AI 针对颜色和数字的分类条列出的观察记录

（四）第四次共生过程

我的思考：

ChatGPT 根据颜色对应的分类名称和数字进行整合，手写笔记被转换成清晰易读的文字内容，这样让教师在书写时，只需简单记下数字，最终输出时能呈现完整的文字描述，更方便后续作数据的分析。接着，我希望 ChatGPT 能根据已有数据，为每位孩子提供一些建议，帮助促进他们的语言发展、社交互动和课堂参与。

提示语：

接下来，请根据这份数据（图 3-4-9），给这些孩子一些建议，促进他们的语言发展、社交互动和课堂参与。

ChatGPT：

以下是根据每位孩子的观察给出的个性化建议。（图 3-4-10）

Name	观察情况	建议
Alice	参与轻黏土、沙画，语言表达较少	在创作过程中增加交流机会，例如鼓励她描述自己的作品（"What are you making?" "Tell me about your picture."）
Amber	表达拒绝（"No. I don't want to!"），折纸活动	通过角色扮演或小组合作游戏，引导她在表达拒绝时使用更友善的语言（如"Not now, maybe later."）
Angela	语言表达有直接拒绝（"No way."），较少主动互动	设计小组任务，让她在合作中练习社交用语，如邀请朋友（"Would you like to join me?"）
Amy	语言表达带有较强的排斥性（"You go away."），参与刺工高阶、手风琴活动	通过社交故事或课堂讨论，引导她理解友好沟通的重要性，并提供更合适的表达方式（如"Can I play alone for a bit?"）
Bobby	性格较害羞（Shy），参与勺子移水	在小组合作活动中给予更多鼓励，并安排熟悉的朋友和他配对，逐步提升社交信心

图 3-4-10　AI 针对产生的数据给予儿童个性化建议

　　下一步，我希望在活动设计上获得更多灵感，因此我请求 ChatGPT 为我提供活动反馈和优化建议，特别是如何让孩子们在各个环节中主动与教师进行对话。

（五）第五次共生过程

我的思考：

　　ChatGPT 能根据每一位孩子的观察记录，推测他们的反应模式，并提供相当实用的建议，特别是在英语互动方面，帮助我更好地理解如何促进孩子的表达。因此也激发了我希望在每一个活动中，都能获得更多针对性的教师指导语，让我能够以活动为载体，与孩子展开更丰富的语言对话。因此我请求 ChatGPT 为我提供活动反馈和优化建议，特别是如何让孩子们在各个环节中主动与教师进行对话。

提示语：

　　请根据这份数据，提供一些建议，针对教师设计的活动给出反馈。如何能让孩子们在这些活动中主动与教师进行对话。

ChatGPT：

以下是针对各个区域活动的反馈与优化建议。（图 3-4-11）

活动	观察到的情况	优点	优化建议
剌工（01）	多名孩子参与（Angela、Carrey、Evan等），Amy在过程中有强烈情绪表达（"You go	- 促进手眼协调和专注力。- 让孩子有动手实践的机会。	- 促进社交互动：可以设计需要协作的剌工任务（如"你做边框，我做图案"），让孩子有更
折纸（02）	参与者较多（Amber、Bruce等），但语言互动较少。	- 发展精细动作技能。- 让孩子尝试遵循步骤。	引导语言输出：提供一些开放性问题，如"What do you want to make?"，鼓励孩子表达想
轻黏土（03）	Alice、Destiny等孩子参与，Alice在活动中较安静。	- 促进创造力和感官体验。	- 加入情境设定：如"用黏土做一个你最喜欢的动物，并介绍给朋友"。- 结合故事讲述：让孩子用
勺子移水（04）	Bobby参与，但无语言记录，可能较专注于动作。	- 发展协调能力和专注力。	- 引导孩子表达过程：可以引导他们描述水的状态（"Is it full?""Is it spilling?"）。- 挑战升级：
剌工高阶（05）	Amy、Dou Dou等孩子参与，Amy情绪表达较强烈。	- 提升手部控制力和耐心。	- 调整难度分级：根据孩子的水平提供不同难度的任务，以防止孩子因难度过高而挫败。

图 3-4-11

针对如何设计活动以让幼儿主动与教师进行对话，ChatGPT 给了我以下几条建议的总结（图 3-4-12），并为每条建议提供了可使用的英语句式和示范引导。

策略	示例
设计语言触发点	示范错误，让孩子纠正，设置任务让孩子"教"老师
赋予角色	让孩子成为"折纸大师""工艺家""小小科学家"
融入游戏	"神秘盒子"让孩子猜材料，"挑战问题卡"鼓励孩子主动发问
利用社交动力	让孩子互相采访、合作完成任务，并用语言交流

图 3-4-12

1. 设计"语言触发点"（Language Triggers）

让孩子主动开口的关键，是创造一个他们必须与教师交流才能完成任务的情境。可以使用：

- 问题引导（Prompting）：

- 示范错误：例如，在折纸时，故意折错一步，问："Oops! Is this right? Can you help me?"（让孩子提供反馈）
- 留出空白：例如，在刺工时，教师指着图案，说："Hmm, what should I do next?"（让孩子来给指令）
- 任务式互动（Task-based Interaction）：
  - "帮帮老师"任务（Help the Teacher）：在黏土活动中，教师假装不知道如何捏出猫咪，请孩子"教"自己："Can you show me how to make a cat?"
  - "找答案"挑战（Find the Answer）：在刺工活动时，教师问："Who can tell me what we need to start?"（让孩子提供材料名称）

  ……

实践效果：

　　当我在日常区域时间，或者课堂中以手写记录方式进行观察，孩子们会自然地注意到教师正在记录。他们会好奇地询问："你在写什么？"和教师产生更多自然的对话，他们甚至会主动在表格上留下自己的"痕迹"，例如画画做标记。

　　这样的实践让我能以更灵活的方式、更以学生为中心的观察视角，提升教学与育人的支持。在与伙伴合作教学时，能用清晰的观察数据进行更多的对话。在技术赋能下，工作更高效。

　　此外，AI 提供的关于如何设计活动以促进孩子主动与教师对话的建议，非常实用。这些建议激发了我的灵感，也让我在与孩子互动时，能够运用更具体而自然的语句，提升对话的质量与联结感。

三、拓展延伸

　　在与 AI 的互动中，我从手写记录转向数字化整理，AI 的介入显著提升了数据整理的效率。数字化记录和分析工具使教师能够精准捕捉孩子的学习和语言发展动态，从而提高教学策略的针对性。然而，虽然 AI 提供的建议具有价值，教师仍需谨慎评估，避免过度依赖机器分析而忽视孩子的个别需求和情感变化。AI 的辅助虽能提升教学效果，但必须与教师的专业判断和人文关怀相结合，才能达到最佳效果。类似的场景还同样适用于与教师的观课纪录或期末家长一对一座谈时，当教师临时

需要手写内容，只要事先设好分类架构，便能快速地完成记录，后续也方便整理与
回顾。

案例贡献者

黄金娘

年级双语组长 & 双语老师
2021 年 8 月 9 日加入云谷

4

赋能家园协同育人

4-0 筛子：和 AI 一起抓住家园共育关键问题

家园共育是幼儿园教师几乎每天都要面对的工作，从零星的一对一沟通，到固定节奏的家长会、班级群消息……但这些交流往往产生大量碎片化信息：几十条语音和文字消息、成堆的问卷反馈、零散的谈话记录。有的消息转瞬即逝，回忆时很容易被细节淹没，导致遗漏关键问题或误判。AI 的作用，就是像"筛子"一样，将碎片信息转化为科学依据，帮助教师从依赖感性与经验，转向基于数据的理性决策与专业支持。

一、AI 的技术优势

AI 最擅长的是帮助教师从家长们的"碎碎念"里找到最需要解决的问题。无论是一对一家长会上的几十段谈话录音，还是收上来的问卷，AI 都能快速整理出重点——比如自动标出班级家长关注度最高的问题，还能提供一些供参考的家园共育策略。让教师一眼看清班级的共性问题，不用再手动翻记录、数关键词，省时又精准。

二、AI 的使用方法

沟通前：AI 能帮教师设计问卷，比如输入"想了解孩子在家吃饭情况"，它自动生成包含具体问题（"孩子自己用筷子吗?""挑食频率?"）的问卷，还能预测家长可能隐瞒的问题。

沟通中：教师和家长聊天，AI 把对话转成文字，标出关键句（如"孩子最近总说害怕上学"），提醒教师追问原因。

沟通后：AI 把零散信息整理成清晰的报告，比如列出"家长最关心的三个问题"，推荐具体的解决计划（如"家庭晚餐自理打卡表 + 幼儿园进餐小助手角色游戏"），还能自动生成给家长的通知，避免重复劳动。

三、对教师的挑战

AI 虽然能整理归纳问题，但教师要小心两个"坑"：一是别只看数据。比如家长可能因为不好意思说出家庭的真实情况，这需要教师观察家长的语气、表情，分辨信息的真伪。二是别一刀切。AI 统计出的"全班共性问题"不一定适合每个家庭，比如单亲家庭、隔代教养等情况需要特别关注。教师要像"侦探"一样，把 AI 的数据和真实的人结合起来，才能真正帮到每个孩子和家庭。

AI 不会代替教师和家长谈心，但它能让教师更清楚该谈什么、怎么谈。用好这个工具，教师就能从"忙乱的信息收集"转向"有目标的深度沟通"，让家园共育真正落实到孩子的成长上。

4-1 利用 AI 编写面向家长的活动介绍

适用场景	撰写班级圈、通知及消息
推荐工具	通义千问、豆包
推荐理由	语言是一门艺术，教师不需要再花额外时间去斟酌字句，把文案撰写的工作丢给擅长撰写文案的 AI 助理吧！

一、背景介绍

在幼儿园教育中，家园沟通是教师日常工作的重要环节。教师面临的挑战往往不在于沟通内容本身，而在于如何运用恰当的语言措辞、营造适宜的沟通语境，确保家长既能准确把握重点，又能获得良好的阅读体验。传统方式下，教师需要反复推敲文字，耗费大量时间。随着人工智能技术的引入，这一难题得到有效解决，显著提升了家园沟通的效率与质量。

二、共生过程

我每周都会在班级群发送至少一条班里精彩的活动内容介绍，同时还要附上孩子们在活动中的一些个人和小组集体照片。所以我创建了一个专门书写班级圈的智能体小助手，步骤如下。（图 4-1-1）

第一步：打开通义千问，点击"创建工具"。

第二步：点击沉浸式创建（通过对话的方式，沉浸创建工具）。

我想要创建一个幼儿园教师的助理，它会根据用户发送的语音消息来撰写本周的课程活动介绍。每一篇文案的撰写都要基于用户发送的消息，将文案撰写得丰富有趣，让家长们能够通过这篇文案了解到自己的孩子在幼儿园都做了什么有趣的事情，也可以提一下这些活动促进了幼儿哪些成长。另外，每一篇文案在 100—150 字左右，风格生动活泼，可读性强。

第三步：创建完成，开启对话。

图 4-1-1　如何创建 AI 智能体

提示语：

　　本周，我们学习了王安石的古诗《元日》，引导小朋友们了解这首诗的含义，并且用唱歌的形式把它演绎了出来。大家能感觉到有年味儿。另外我们还学了一首中国传统的歌谣，叫作《忙年歌》。小朋友们通过这首歌谣了解到了春节的一些传统习俗，比如说"二十三糖瓜粘、二十四扫房子"。他们通过这首歌谣也能认识到中国年的文化。

通义千问 AI 智能体：

　　本周小朋友们一同学习了北宋大家王安石的《元日》这首充满节日气氛的诗歌。孩子们不仅了解了诗中的美好寓意——迎接新年、祈福平安，还通过轻快的歌声将《元日》演绎得别具一格。小朋友们还学唱了一首传统的中国歌谣——《忙年歌》。通过这首欢快的歌谣，孩子们了解到了春节前夕的各种传统习俗："二十三糖瓜粘，二十四扫房子"等，每一个环节都承载着人们对新年的美好期盼。孩子们在歌唱中感受着浓浓的年味儿，体验到中国传统节日的魅力。

图 4-1-2   班级圈截图

实践效果：

这是一段发送给 AI 的语音消息，可以看出 AI 扮演了专业的编辑角色，去掉了口头表达当中重复的部分，并且还补充适当的内容，使得这条消息变得流畅和书面化了许多，它加工后的文本就可以直接发送班级群了。

三、拓展延伸

在幼儿园，我还开设了一门课外活动课"小小艺术家"，我为这门课也创设了一个专门书写课程反馈的智能体。每次下课之后，我都会利用从班级走到停车场的这段碎片时间，像是和朋友进行语音聊天一样，和 AI 智能体交流，这节课的反馈很快就写出来了。（图 4-1-3）类似的场景还有撰写活动通知、周计划里的课程介绍，等等，

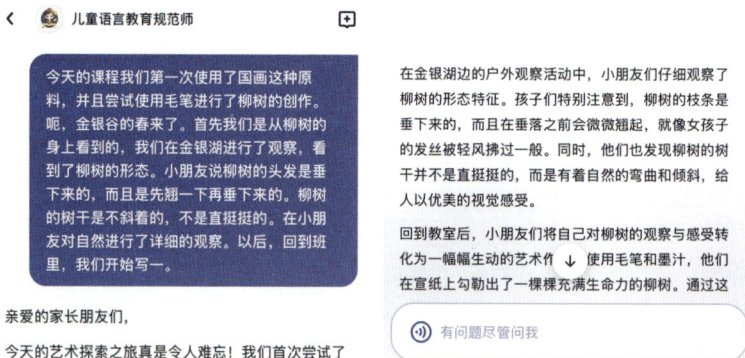

图 4-1-3   与其他智能体的对话

都可以延伸去使用。我还创建了一个亲子口语的智能体，用于为我和孩子之间的英文交流提供更充分和地道的英文表达。

如何去创建智能体，我也有一些小小的心得：

当你创建智能体的时候，你期待它能够完成某一类固定的任务（比如每周都要发送朋友圈），而不是期待它能够完成复杂的一些任务。

对于 AI 的输出有具体的要求，比如文案的字数、语言风格、内容偏好等。

培养自己良好的和 AI 沟通的能力，能够像对待练习生一样，引导 AI 完成你给的工作，并且按照你的要求。

案例贡献者

杨　婷

班级老师

2020 年 4 月 9 日加入云谷

4-2　利用 AI 处理个体观察记录，生成家园共育策略

适用场景	进行家长谈话之前的准备
推荐工具	DeepSeek 等大语言模型
推荐理由	AI 能够提供不同的视角去启发我们进行家园工作，当遇到一些棘手的问题时，询问 AI 的看法，并要求它解释背后的原因，能够让教师在谈话时更有底气，同时也能够提升老师的专业性。

一、背景介绍

　　和家长同步孩子近期的发展情况，计划下一阶段的支持策略是幼儿园日常家园工作中高频发生的场景。过去，我们通常依靠自己的经验或是教师之间互相"取经"来准备和家长的谈话，有了 AI 以后，它能够从一个额外的视角提供建议，助力我们更好地进行家园共育。

二、共生过程

　　小李（化名）从进入幼儿园就展现出许多适应困难的表现，例如入园时哭泣，说不想上幼儿园等，并且情绪非常激烈难以调节、经常和同伴发生冲突。因此我们决定和家长进行一次正式的谈话，为小李制定家园共育的策略。在正式谈话之前，我们完成了持续两周的小李日常行为观察记录表，作为正式谈话时的证据，便于家长了解小李在幼儿园的一日生活情况。

（一）第一次共生过程

与 AI 完整
对话 4-2

> **提示语：**
>
> 　　（将观察记录以 WORD 格式上传至 DeepSeek）这是小李小朋友近两周的观察记录，请你仔细阅读，并分析他的行为。

DeepSeek：

小李行为分析报告

行为特点总结

1. 入园适应困难

- 多次在入园时哭泣、表达"不想上幼儿园"，需老师通过转移注意力（如"帮忙拿快递"）引导其进入园内。
- 对集体活动（如 CCA 课程、午睡）表现出强烈抵触，频繁表达"想回家"。

2. 情绪波动与冲动行为……

3. 社交与规则意识薄弱……

4. 兴趣与能力亮点……

潜在原因推测

1. 情绪调节能力不足：可能因年龄较小或缺乏情绪管理技巧，难以应对挫折和压力。

2. 规则理解与执行困难……

3. 社交技能欠缺……

4. 家庭与环境影响……

建议干预措施

1. 情绪支持与引导

- 设立"冷静角"或提供安抚工具（如毛绒玩具、绘本），帮助小李识别并表达情绪。
- 通过角色扮演、绘本故事教授冲突解决技巧（如"用语言代替动手"）。

2. 规则与责任培养……

3. 社交技能训练……

4. 家校协同……

总结

小李的行为表现出典型的"挑战性行为"特征，需通过耐心引导、结构化支持与家校合作逐步改善。其创造力与表达能力是干预中的优势资源，可借此激发其参与集体活动的兴趣，逐步建立规则意识和社交技能。

（二）第二次共生内容

我的思考：

阅读了 AI 分析的观察记录后，我比较认同它的行为分析，特别是潜在原因分析这部分内容，给了我很大的启发，但这次的谈话目标是和家长商量在家庭中对小李行为的指导方法和策略，因此我们继续进行更加聚焦的对话，请 AI 进一步进行给出支持策略。

提示语：

　　基于以上潜在原因，你认为小李的家庭可以做什么，请列出三条能够操作的措施。

DeepSeek：

基于对小李的潜在原因分析，家庭在帮助小李改善行为和情绪管理方面可以采取以下三条具体且可操作的措施：

1. 建立稳定的日常规则与作息

   - 具体操作：
     - 制定明确的家庭作息表，包括起床、吃饭、玩耍、学习、睡觉等时间安排，并尽量与幼儿园的作息保持一致。
     - 在家庭中设立简单的规则（如"玩具玩完后要整理""吃饭时不能玩玩具"），并通过可视化图表（如贴纸奖励表）帮助小李理解和遵守。
     - 每天睡前与小李一起回顾当天的表现，表扬他遵守规则的行为，并温和指出需要改进的地方。
   - 目的：
     - 帮助小李建立规则意识，减少因规则不明确或变化带来的焦虑和抵触情绪。
     - 通过一致性作息和规则，增强小李的安全感和自我控制能力。

2. 加强情绪管理与表达训练……

3. 增加亲子互动与合作活动……

总结

家庭是孩子行为习惯和情绪管理的重要支持系统。通过建立稳定的规则、加强情绪管理训练以及增加亲子互动，小李可以在家庭和幼儿园的双重支持下逐步改善行为，增强社交能力，并更好地适应集体生活。

实践效果：

　　AI 给出的措施非常详细，同时还列出了这些操作的目的，非常有价值。例如为小李制定明确的家庭作息表，在家园谈话的过程中我们向家长提供了幼儿园的作息表，便于他们根据作息表来制作属于家庭的作息表，还介绍了背后的原因，这样通过一致的作息能够增强小李的安全感和自控能力。但是像在家中设立"冷静角"，让小李独自冷静下来这样的建议不符合孩子的实际情况，在家园沟通时就没给出这样的建议。

三、拓展延伸

在这个案例中，我们准备了观察记录交给 AI 分析，其实在日常使用中，无论是文字还是语音，AI 能够理解片段化的内容。比如直接对 AI 说："小美最近中午不肯睡觉，应该如何和家长沟通？"AI 能给出建议："可能和家里作息变化有关，建议问问家长晚上几点睡。"AI 特别适合处理日常状况。

此外，还可以告诉 AI 这个家庭的一些信息，例如告诉 AI："孩子爸妈经常加班，主要是爷爷奶奶接送。"AI 就会推荐老人能带玩的亲子游戏。这样就能获得更靠谱的建议。

案例贡献者

陈枭骁

班主任老师

2018 年 9 月 17 日加入云谷

4-3 利用 AI 设计并分析家长问卷

适用场景	各类家园活动中家长问卷的设计，如家长会、家长开放日等。
推荐工具	ChatGPT
推荐理由	发放家长问卷是各类家园活动中频繁出现的形式。利用 AI 设计并分析家长问卷，可以高效处理大量数据，节省人工时间和成本。同时，AI 能够识别潜在的家长需求与偏好，提供深度观察意见，帮助学校精准优化教育和活动设计。此外，AI 还支持数据的动态可视化展示，使分析结果更直观、更便于教师理解，从而更好地支持学校的科学决策和家校协作。

一、背景介绍

家长问卷对于家园活动具有重要意义。通过问卷，学校能够深入了解家长对活动形式、内容和目标的期待，帮助学校设计更符合家庭需求的活动方案。同时，问卷为家长提供了表达意见和建议的平台，增强了家校之间的互动与信任感。此外，家长的反馈还能为活动的改进与创新提供具体参考，使家园活动更具针对性和实效性，进一步促进学生的全面发展和家庭教育的参与度。

二、共生过程

云谷幼儿园的"一对一家长圆桌会"是指每学期末老师会与每一位幼儿的家长一对一沟通幼儿本学期的发展情况，共同制定幼儿个性化成长目标的共育形式。

我们会在圆桌会前发放家长问卷，通过数据收集与分析，更精准地捕捉家长需求，有针对性地进行有效沟通。在这个过程中，我们借助 AI 来帮助我们更高效、更系统地设计与分析问卷。

（一）第一次共生过程

> **提示语：**
>
> 请帮我设计一份问卷，问卷中需要涉及幼儿姓名，圆桌会时间，家长填写最关注、最想与教师探讨的关键能力（运动、情绪、社交、自主、探究、创造、语言）发展以及具体案例描述。

ChatGPT：

幼儿园圆桌会家长问卷设计

标题：幼儿圆桌会家长问卷

说明：

尊敬的家长，您好！为了更好地了解您的需求与期望，并帮助孩子在学校和家庭中获得全面发展，请您填写以下问卷。我们将根据您的反馈，为即将召开的圆桌会做好准备，期待您的参与！

1. 幼儿姓名：

（请填写）

2. 圆桌会时间：

（请选择合适的时间段）

3. 您最关注孩子以下哪个方面的发展？（可多选）

- □ 语言表达能力（包括中文和英语）
- □ 数学与逻辑思维能力
- □ 社交互动与合作能力
- □ 情绪管理与抗挫能力
- □ 自主性与自信心
- □ 探究精神与好奇心
- □ 运动能力与身体素质
- □ 其他（请注明）：＿＿＿＿＿＿

4. 在您关注的领域中，最希望与老师探讨的问题是什么？

（例如，孩子在社交中遇到的挑战，如何激发孩子对学习的兴趣等）

5. 您希望了解或获取哪些具体建议？

（例如，如何提升孩子的情绪管理能力，如何在家庭中协助孩子学英语等）

具体案例描述

1. 请分享一个您观察到的孩子表现的具体案例：

（例如，在家中孩子完成了一件令您感到骄傲的事，或在某些场景中需要提升的行为。）

2. 您觉得孩子在上述案例中需要哪些支持或帮助？

3. 您是否有其他希望学校了解或关注的事项？

家校合作建议

1. 您认为学校可以在哪些方面与家庭更好地合作，帮助孩子成长？

☐ 家庭与学校的沟通频率

☐ 针对孩子个性化需求的指导

☐ 提供更多亲子参与的活动建议

☐ 其他（请注明）：_____

2. 对本次圆桌会或未来家校沟通的其他建议：

（二）第二次共生过程

我的思考：

看完以后，我认同 AI 给出的问卷基本框架。结合班级家长填写问卷的习惯与具体能力指南表，我对问卷作了部分修改，删除了"家校合作建议"，并将案例说明改成了"在您最关注的领域中，您希望与老师探讨的问题是什么？（例如，孩子失败了就不愿意再挑战，发脾气该怎么引导）"方便家长理解，达成问卷预期的填写效果。家长填写问卷并回收后，我需要 AI 帮助我对问卷数据进行统计与分析，既提取每个孩子的关注点，辅助我们在幼儿园观察到的案例给予个别化支持；又要横向分析班级家长高频关注的能力指标，为下学期的活动设计提供数据支持。于是我们进行了第二次对话。

提示语：

请根据以上家长调查问卷文档帮我分析"最想与老师探讨的内容"中的高频词与相关案例。

ChatGPT：

根据文档中"最想与老师探讨的内容"的分析，以下是高频词及其频次：

社交：出现 7 次，家长普遍关注孩子在社交互动、同理心、冲突处理等方面的表现和发展。

情绪：出现 6 次，家长对孩子情绪管理和情绪表达的关注度较高，尤其是如何应对情绪波动。

语言：出现 3 次，家长希望了解孩子语言表达能力的发展情况，包括英语学习兴趣和词汇积累。

自主：出现 3 次，家长关注孩子的自主性发展，例如独立完成任务和自我管理。

探究：出现 3 次，体现家长对孩子探究精神和好奇心的关注。

运动：出现 1 次，个别家长提及运动能力和参与体育活动的表现。

结论与建议

重点领域：

1. 社交与情绪管理是家长最希望探讨的两个方面，占据主导地位，建议教师在圆桌会中优先讨论这些内容。

2. 语言发展和自主能力也是重要话题，可以结合孩子的课堂表现提供具体建议。

圆桌会聚焦建议：

针对社交和情绪问题，准备具体案例与应对策略，例如如何提升同理心、处理冲突或稳定情绪。

在语言和自主性发展方面，结合孩子的兴趣点（如英语活动或任务完成）给予家长实用的指导方法。

（三）第三次共生过程

我的思考：

　　基于 AI 的数据分析，我们看到 AI 按能力高频词进行排序并提出了教师可以具体指导的几个场景。于是我们继续询问 AI 进一步的指导建议，作为个体化支持的策略储备库。

提示语：

　　请基于以上关键能力的高频词，给予教师一些关于中班幼儿如何发展该能力的一些指导性建议与活动建议。

ChatGPT：

根据高频词分析，社交、情绪、语言、自主和探究是家长关注的重点领域。以下提供每个领域的具体指导建议及相应的课程设计安排，助力孩子的全面发展。

一、社交能力

目标：

● 提升孩子的同理心和社交规则意识，增强与同伴互动的主动性和有效性。

● 学会处理冲突，并能通过语言表达需求。

建议：

1. 情境模拟

● 设计"共享玩具""邀请游戏伙伴"等情境，让孩子练习表达需求和解决冲突。

● 提问引导："如果你的朋友也想玩这个玩具，你会怎么做？"

2. 合作任务

● 通过小组活动（如共同完成拼图或搭建积木），培养孩子分工合作能力。

3. 社交奖励机制

● 使用社交积分表，当孩子表现出主动互动或友善行为时，给予即时鼓励。

课程设计：

● 活动：角色扮演游戏

模拟常见的校园场景（如排队、借用物品），教师扮演指导角色，帮助孩子掌握沟通技巧。

● 合作项目：班级小市场

让孩子分组设计"摊位"，负责不同任务（如装饰、介绍），通过合作完成项目。

二、情绪管理

……

实践效果：

AI 最终设计出的家长问卷便于家长填写，（见图 4-3-1）同时 AI 也能快速分析题目中涉及的高频关键词；（见图 4-3-2）AI 提供的不同能力下的培养目标及实施建议丰富且具体，实操性很强，我们配合每个孩子的性格特点、案例观察，为每个孩子提供了个体化的支持策略，有准备地开启圆桌会。

图 4-3-1 家长问卷

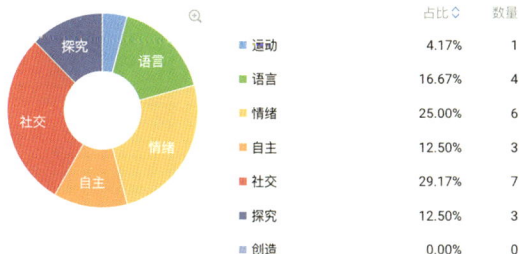

图 4-3-2 问卷回收后的数据分析

三、拓展延伸

在家园活动中家长问卷是帮助教师了解家长需求的重要工具。在设计家长问卷时，教师应提前依据不同家园活动的具体场景和活动目标预设期待听到家长哪些方面的想法或建议，从而设计一些带有关键词的问卷题目，便于 AI 在问卷回收后分析高频词。

教师在向 AI 输入提示语时需要注意对问卷中期待出现的关键问题和问卷效果进行具体说明，并在问卷初稿形成后根据家长的填写偏好对题目进行适当修改，例如减少简答题。

回收问卷后教师可以借助 AI 分析家长问卷中需要关注的几个问题中的高频词或高频出现的话题，并向 AI 寻求进一步分析，提供一些可行性、实操性强的游戏建议，为接下来的教学计划或家园工作计划提供数据和策略支持。

案例贡献者

陈诗超

班级老师

2018 年 8 月 25 日加入云谷

4-4 利用 AI 技术辅助制定幼儿个体成长计划

适用场景	一对一家长圆桌会、日常个别化沟通
推荐工具	豆包、钉钉闪记
推荐理由	豆包与钉钉闪记功能的结合，能帮助教师更高效、更专注集中于与家长的沟通交流，从而大大提升沟通的个体化和针对性，为计划的制定提供数据支持，丰富策略指导，并且帮助家园工作经验较少的教师提供更多的谈话策略储备，提升家园沟通的能力。

一、背景介绍

在"一对一家长圆桌会"这类互动性强的场景中，家长通常期待能够在短时间内高效交流并获取适合该幼儿和该家庭的针对性建议。但有时教师为了记录谈话内容无法亲切、深入、专注地与家长交流，或因为专注交流而需要在圆桌会之后再回忆谈话要点。教师们希望在圆桌会中能够更高效、流畅地与家长对话。

二、共生过程

2024 年 1 月，临近期末，我们开启了"一对一家长圆桌会"。通过前期问卷回收，我们已经了解了家长的大致需求，也做了相关准备。圆桌会中，我们与家长围绕"家园共同回顾幼儿本学期的成长变化、家长关注的部分及需要的帮助、家园共同建立下学期成长期待和指导策略"的框架进行交流，使用了钉钉闪记记录对话，并利用钉钉闪记的"智能概要"功能梳理概括对话的主要内容，形成了每户家庭的谈话记录逐字稿。

（一）第一次共生过程

与 AI 完整
对话 4 4

> **提示语：**
>
> 请根据谈话逐字稿帮我提炼会议纪要。

> **钉钉闪记：**
>
> xx 小朋友的圆桌会概要
>
> 主要讨论内容：
>
> 作息时间与状态调整 起床时间：提到孩子六点起床较早，晚上睡得晚导致难以入睡，最终九点到校较为合适。
>
> 社交互动与情绪管理：指出孩子在学校愿意与老师和其他小朋友交流，关系融洽，甚至主动牵着同学的手回家。孩子的情绪也更加稳定，周末休息后能快速适应学校生活。
>
> 表达能力　认为孩子虽然属"慢热"型，但逐渐变得开朗，愿意承担任务，并且在表达上有了显著进步。
>
> 学习与认知发展（此处省略）

（二）第二次共生过程

我的思考：

　　看到钉钉闪记帮助我将谈话内容从"社交、表达、认知"等不同能力维度进行提炼，非常欣喜。根据现场与家长关于 xx 小朋友成长目标的探讨，我希望 AI 能根据以上会议纪要整理出待办事项，即帮助 xx 小朋友实现成长目标的实施过程。于是我将会议纪要发送给豆包，与它进行对话。

> **提示语：**
>
> 请根据以上内容纪要，帮我梳理主要的待办事项。

> **豆包：**
>
> 关注 xx 的情绪变化，尤其是在周末后的过渡期，确保他能平稳地从休息日过渡到学习日。
>
> 提供给 xx 更多表达自己想法的机会，尤其是在英文环境中，以增强他的自信心和

语言能力。

为 xx 安排更多的社交活动和小组游戏，以提高他的社交能力和团队合作精神。

准备并参与学校的开放日和其他重要活动，以更好地了解 xx 的学习环境和他与教师、同学的互动情况。

（三）第三次共生过程

我的思考：

我们发现 AI 整理出的待办事项与家长提出的成长期待基本吻合，并清晰地分析出 xx 小朋友下学期的成长目标主要聚焦在英语学习方面的进步、社交能力的提升以及拓展多元兴趣。于是我希望 AI 再帮我一起制定一份符合 xx 小朋友的个性化成长计划。

提示语：

请根据以上主要内容纲要，制定符合 xx 小朋友的成长计划。xx 平时话不多，需要更多语言或游戏的互动激发他的表达欲望。英语学习兴趣已经有所提高，但家长对英语学习有较高期待。同时 xx 家长希望获得更多互动性强的家庭游戏支持，减少电子屏幕使用时间。成长计划主要聚焦于如何提升英语语言表达、提升人际交往以及怎样激发他更多的兴趣爱好。请用表格形式呈现。

豆包：

阶段	时间	英语语言表达提升	人际交往提升	兴趣爱好激发
基础积累	第 1～2 周	每晚安排 20 分钟的"亲子英语绘本时光"，家长与孩子一起阅读有趣的英语绘本，在阅读过程中，家长可以用夸张的语调、丰富的表情和动作来演绎故事，帮助孩子理解内容，同时鼓励孩子模仿绘本里角色的发音；每周选择 3 个晚上，开展"英语儿歌欢唱会"，播放节奏欢快的英语儿歌，让孩子合着音乐跟唱，还可以一起编排简单的舞蹈动作。	每周安排 2 次与小区小朋友的户外游戏，如跳绳比赛、接力赛跑等，在活动前，家长引导孩子主动向小伙伴打招呼，活动中鼓励孩子分享自己的玩具；周末带孩子参加亲子烘焙活动，让孩子与其他家庭的孩子合作完成烘焙作品，增进交流互动。	尝试绘画、音乐启蒙和运动体验课这三种新活动。在绘画课上，鼓励孩子自由创作；音乐启蒙课中，让孩子接触各种简单乐器，感受不同音色；运动体验课可以选择足球、篮球等，观察孩子的兴趣倾向。

（续表）

阶段	时间	英语语言表达提升	人际交往提升	兴趣爱好激发
能力提升	第3～4周	……	……	……
巩固拓展	第5～6周	……	……	……
成果展示	第7～8周	……	……	……

（四）第四次共生过程

我的思考：

　　看完表格之后，我认为这份计划阶段划分明显，但太多频次上的具体数字，表格看上去有些复杂，不够清晰，于是我希望 AI 帮我进一步优化，按照策略实施主体重新整理一下。

提示语：

　　请帮我减少对练习频率的固定设定，取消周次的安排，更多体现游戏化、互动性强的实施策略。并优化表格的呈现方式，保留能力维度的划分，把策略实施主体分为家庭、学校，且策略需要符合中班小朋友的能力发展水平，让表格看起来更清晰。

豆包：

阶段	能力维度	家庭策略	学校策略
基础积累	英语语言表达	— 玩"英语单词卡片翻翻乐"，家长和孩子轮流翻卡片，说出对应单词，说对得1分，积分换小零食 — 安排"英语儿歌欢唱时间"，家长和孩子一起跟唱、做简单动作，唱完互相夸奖	— 播放欢快的英语儿歌，让孩子们跟唱 — 安排简单的英语单词认读小游戏，如"单词闪卡"
	人际交往	……	……
	兴趣爱好	……	……

（续表）

阶段	能力维度	家庭策略		学校策略
能力提升	······	······		······
巩固拓展	······	······		······
成果展示	······	······		······

实践效果：

通过几次对话，最终形成的这份成长报告策略实施主体清晰、策略内容层层递进，互动性、实施性强，值得参考。我与家长沟通后家长也表示这些策略非常适合他们的育儿方式，可操作性强。通过一段时间的观察，我们发现在家园共同合力下，该幼儿的英语表达意愿提升了不少，在社交方面能更多地和不同小朋友相处，且都能较好地一起协作。证明这份个性化成长计划对该幼儿的发展具有重要意义。

三、拓展延伸

在幼儿个性化成长计划的制定中，AI 给到的策略比较广泛普适，教师需要充分了解每个幼儿的个性特点、兴趣爱好、能力发展水平，同时也要明确家长对幼儿的成长期待，兼顾家庭的教育与互动模式，并在和 AI 对话的过程中将这些关键信息告诉 AI。这样能够帮助教师获取到更适合该幼儿以及该家庭的实施策略，让这份成长报告的实施性更强，助力幼儿更好地实现成长目标。

教师应多储备一些家长高频关注的问题的应对策略，并选择与幼儿家庭适配的教育策略，使用符合家长交谈习惯的语言将策略传递给家长。

案例贡献者

陈诗超

班级老师

2018 年 8 月 25 日加入云谷

4-5 利用 AI 分析家园沟通中的共性问题，辅助教师制定班务计划

适用场景	班级家长会、日常个别化沟通
推荐工具	ChatGPT、钉钉闪记
推荐理由	ChatGPT 与钉钉闪记功能的结合，既能帮助教师更高效、更专注集中于与家长的沟通交流，也能提升谈话后对内容梳理的效率，能较快速地分析出班级幼儿存在的共性特点或是家长高频关注的话题，并给出可行性建议，为教师制定班务计划提供了有效的数据分析和策略支持。

一、背景介绍

在家园沟通的场景中，教师会发现与不同家长沟通后能反映出班级孩子之间存在的共性问题，或是班级家长关注度比较集中的几个话题。而孩子存在的共性特点或家长关注度较为集中的话题正是教师在制定班务计划时需要思考和解决的关键内容。

二、共生过程

以一对一家长圆桌会为例，我们在与每户家庭一对一沟通后，将几篇沟通记录同时发送给 AI，期待梳理出共性内容，并给出可行性建议，为班级接下来的班务计划提供方向。

（一）第一次共生过程

与 AI 完整
对话 4-5

提示语：

请帮我分析这几篇幼儿谈话内容之间是否存在共性特点，如果还有其他需要关注的问题也请罗列出来。

ChatGPT：

共性问题分析

1. 情绪与社交管理

情绪敏感：都表现出情绪容易受到外界因素的影响，例如输赢、被忽视等。

社交中的平衡问题：都在处理自己需求和他人感受时感到困惑，过于关注他人导致自我忽视。

社交中的社交技能欠缺：对"交换礼物"这一行为理解不足，且缺乏价值认知。

挫折应对能力：都对失败表现出较强的抵触情绪，需要成人更多地引导其接受失败。

2. 规则意识与行为约束

都有较强的规则意识，但这种意识有时可能对自由表达和社交带来一定的限制。

其他需要关注的问题

1. 社交技能的长期培养

社交中的"自我与他人平衡"是需要长期关注的重点，建议设计特定的活动和情景帮助孩子学会合理表达和处理他人感受。

2. 挫折教育的策略优化

针对对于失败的抗拒心理，家长和教师需要设计更多低风险的挑战活动，帮助孩子通过小成功建立信心，并逐步接受更大的挑战。

总结

在几位孩子的成长谈话中揭示了一些普遍的幼儿发展特点，包括情绪敏感、社交平衡、规则意识与行为发展、学习兴趣及家庭互动的影响。尽管每个孩子有其独特的个性和需求，但共同点表明，教育者和家庭需要更多地关注：如何有效地鼓励孩子面对挫折；如何在规则与自由之间找到平衡。

（二）第二次共生过程

我的思考：

　　基于 ChatGPT 的分析，我可以看到它将反映出的话题按能力维度进行了划分，并给出了主要的关注方向。我也捕捉到了班级幼儿出现的共性话题——情绪中的抗挫折与应对困难的能力、社交中如何正确看待礼物的价值以及如何交换礼物。于是，我针对这两个话题逐一与 ChatGPT 进行对话。

提示语：

　　针对中班幼儿比较看重结果的输赢，失败了就不愿意继续尝试并有较大的情绪反应，教师和家长可以如何引导？请从教师、家长两个主体给出可行性的策略建议，需要包含具体做法，并用表格的形式清晰地呈现。

ChatGPT：

主体	策略	建议	具体做法
教师	调整对胜负的认识	教育孩子"胜负并非唯一目标"，重要的是参与和学习。通过榜样引导，强调努力和成长的重要性	使用积极的语言评价孩子的参与，如"你很努力地完成了这个任务"；强调过程中的进步，如"这次你比上次跳得更远了"
	此处省略具体内容		
家长	建立渐进目标	将大目标分解为小步骤，让孩子每次完成一小部分，逐步建立信心	比如让孩子逐步完成整理玩具的任务，先整理一个小箱子，再扩展到整个玩具区
	亲子游戏设计	可与孩子在家进行类似的活动，如亲子版的进步阶梯、合作闯关等，让孩子体验过程，淡化胜负观念	准备难度递增的亲子任务，如亲子拼图；进行亲子合作闯关游戏，如家庭接力比赛；引导孩子分享在失败的亲子活动中学到的东西

（三）第三次共生过程

我的思考：

　　ChatGPT 给到的策略具体且清晰，并且从教师、家长两个实施主体进行说明，比较完整，可操作性强。于是我又针对礼物交换的问题与它对话。

提示语：

　　如何引导孩子正确看待互送礼物以及实施互送礼物。

ChatGPT：

一、帮助孩子正确看待互送礼物

定义礼物的意义：

礼物不仅仅是物质交换，更是表达心意、感恩和关爱的方式。

培养感恩心态：

教导孩子接受礼物时用心体会对方的心意，并学会表达感谢。

可以教孩子使用简单的语言表达感激，例如"谢谢你送我的礼物，我很喜欢！"

尊重个性化选择：

引导孩子关注朋友或家人喜欢什么，从对方的角度出发选择礼物。

避免攀比心理：

教育孩子礼物不需要与别人比较，只要用心准备，就是真正的好礼物。

二、引导孩子实施互送礼物的方法

分类	指导建议	具体内容
计划与准备	帮助孩子梳理送礼物对象及需求	帮助孩子列出他们想送礼物的对象，并在每个人的名字旁边写下对方的兴趣点或需要
教学活动设计	我的礼物计划	每位孩子准备一个自己设计的小礼物，并在班级活动中交换。活动后，孩子需要分享"为什么我选择了这个礼物"和"我收到礼物的感受" 教育重点：理解送礼与接受礼物的双向意义
教学活动设计	心意手工坊	设置多个手工制作区域，如卡片设计、手链编织、画作创作。教师引导孩子结合对象的兴趣选择适合的礼物类型。教育重点：动手制作让礼物更有意义

（四）第四次共生过程

我的思考：

　　对以上两个家长关注的话题，ChatGPT 给了具体且操作性强的指导建议，我认为这两个话题反映出孩子在社交和情绪方面需要，借助一些教育教学活动或区域游戏进行进一步提升。于是我再一次与 AI 对话。

提示语:

请帮我设计几个关于情绪和社交领域适合中班下学期开展的教学活动或区域游戏,我们已经开展过设计表情包、情绪脸谱、表情对对碰的游戏。请用表格方式清晰呈现。

ChatGPT:

活动名称	活动目标	准备材料	活动过程
情绪转盘:解决方案探索……	学习情绪调节的方法;2.提升社交互动中的问题解决能力	一个大转盘,上面标有常见情绪(生气、开心、失望、害怕等)和解决方法(深呼吸、找老师求助、与朋友商量等)	孩子们轮流转动转盘,根据指针停留的位置,分享自己曾经体验过的这种情绪;引导孩子选择一个解决方法,并讨论这个方法是否有效;鼓励孩子两人一组,轮流扮演情绪主人公和问题解决者

实践效果:

阅读以上内容,我认为这些活动通过情景模拟、角色扮演、区域互动等方式,从识别情绪到调节情绪再到社交技巧的提升,层层递进,既满足孩子对情绪管理的学习需求,也在趣味性和互动性上充分考虑到中班孩子的年龄特点,可以作为活动设计的重要参考。我将下学期的班务计划重点能力词定位在"情绪、社交、语言"三个关键词上,并将"如何引导孩子正确看待交换礼物"与"挫折教育"这两个话题的具体引导策略分别放入了社交和情绪板块的教师指导策略一栏中。

三、拓展延伸

在家园沟通中我会期待基于个性化反馈总结出需要教师和家长共同关注的班级共性话题,作为制定班务计划、开展班级家长会的重要依据和参考。

教师首先需要明确班务计划的撰写框架和体例结构,在利用 AI 辅助制定班务计划时可以将共性话题输入给 AI,并期待它按照班务计划的撰写框架给出相应的教育教学、区域环境创设、家园共育等方面的具体建议。

　　教师需要根据自己班级幼儿的发展情况、兴趣爱好、已有活动对 AI 提供的内容进行筛选，这样能够帮助教师制定更清晰、可行性强、适配度更高的班务计划。

案例贡献者

陈诗超

班级老师

2018 年 8 月 25 日加入云谷

5

助推教师专业发展

5-0 专业伙伴：和 AI 一起让成长成为习惯

幼儿园教师的工作总是忙得团团转——既要带班、备课，观察记录分析孩子情况，还要写论文做课题，专业成长的时间被挤得所剩无几。AI 能帮教师快速整理文献、梳理思路，甚至一起复盘教学中的得失。它让专业成长不再是"额外负担"，而是融入日常的"自然习惯"。

一、AI 的核心价值

AI 的最大优势在于通过自动化处理日常教学中的重复性、标准化和收集汇总类任务，帮教师节省宝贵的时间与精力，从"埋头苦干"转向"高效思考"。它有时是文献阅读助手，上传一篇几十页的论文，AI 几分钟内提取核心观点，生成思维导图；有时是论文写作伙伴，输入研究主题 AI 提供框架建议，甚至帮忙润色语言；也是教学反思教练，根据课堂记录，AI 分析可能原因并推荐改进策略。让教师专业成长更聚焦于深度思考与创新实践。

二、AI 的使用方法

AI 的价值发挥取决于教师的专业能力，就像我们常说的"最近发展区"。使用 AI 时要清楚做这些工作的关键是什么，才能与 AI 高效协作，去发挥 AI 擅长的部分。比如撰写论文时，让 AI 来整理阅读文献是它最擅长的，如果让 AI 直接给论文的思路就难以得到自己想要的结果。教师需要主导每一次跟 AI 的对话，只有教师清楚"我要什么""为什么这么做"，AI 才能提供真正有用的支持。

三、对教师的挑战

AI 虽然生成文本的速度很快，但是千万别让 AI 代替自己去思考。比如 AI 生成的论文框架可能千篇一律，教师需结合自己的实践经验，加入独特观点；也不能为效率牺牲深度，AI 能快速整理文献，但教师仍需找到需要的部分去仔细阅读并加以思考，这样才能真正内化知识。

AI 能帮教师搭起专业成长的脚手架——提供资料、梳理思路、优化表达，但真正的"建筑"还得靠教师自己完成。当教师用专业判断驾驭 AI 工具时，专业成长就不再是"任务"，而是"享受"——享受点亮的时刻，享受思考的乐趣，享受实践的成就感，享受与孩子共同成长的幸福。

5-1 利用 AI 制作 5—6 岁幼儿社会领域目标的思维导图

适用场景　需要将文本进行整理，展示其中的知识结构与逻辑

推荐工具　DeepSeek 等大语言模型，Xmind 思维导图软件

推荐理由　通过合理利用 AI 工具，教师可以快速生成结构清晰的思维导图，节省大量时间。它能够根据文本的逻辑关系自动生成合理的结构，避免人工绘制时可能出现的逻辑混乱或遗漏。

一、背景介绍

　　思维导图作为一种有效的知识梳理和可视化工具，能够帮助教师更好地理解复杂的概念和知识结构。然而，传统的手工制作思维导图往往耗时耗力，尤其是在面对大量的文本时，教师的时间和精力可能难以兼顾。而 AI 具备快速阅读文本、梳理文本的逻辑、总结文本中关键信息的特性，利用这个特性能够为思维导图的制作提供更多可能性。

二、共生过程

　　《3—6 岁儿童学习与发展指南》（以下简称《指南》）作为教育部发布的科学指导儿童早期教育的纲领性文件，它系统梳理了幼儿成长的关键发展维度。从健康、语言、社会、科学、艺术五大领域提取具体发展目标，帮助教师为儿童建立清晰的成长坐标。因此在每个学年初，我们都会整理各个领域的目标作为制定计划的依据。借助 AI 可以快速完成《指南》中信息的梳理，再导入 Xmind 就可以获得清晰的思维导图。

（一）第一步：使用 AI 提取信息，制作 Markdown①格式文本

> **提示语：**
>
> 　　（上传《指南》）请将文档中 5—6 岁幼儿的社会领域目标进行整理，并以 Markdown 格式输出。

与 AI 完整对话 5-1

DeepSeek：

5—6 岁幼儿社会领域发展目标

一、人际交往

目标 1　喜欢交往

1. 有自己的好朋友，也喜欢结交新朋友。

2. 有问题愿意向别人请教。

3. 有高兴的或有趣的事愿意与大家分享。

目标 2　能与同伴友好相处

……

目标 3　具有自尊、自信、自主的表现

……

目标 4　关心尊重他人

……

二、社会适应

目标 1　喜欢并适应群体生活

……

目标 2　遵守基本的行为规范

……

目标 3　具有初步的归属感

……

（二）第二步：将文本转换为 .md 文件

　　将 AI 生成的文本直接复制到文本编辑器中，接着点击"格式–纯文本格式"的文件，保存以后将文件后缀改为 .md。（图 5-1-1、图 5-1-2）

---

① Markdown：一种轻量级的标记语言，它通过简单的符号组合来格式化文本，使文本在保持可读性的同时能够快速转换为结构化的 HTML（或其他格式），广泛用于编写文档、笔记和代码注释等。

图 5-1-1　设置文件格式

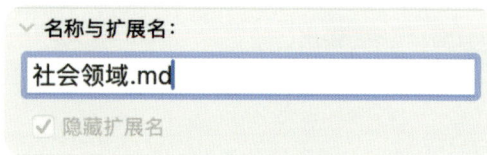

图 5-1-2　修改文件拓展名

（三）第三步：在 Xmind 软件导入 .md 文件，生成思维导图（图 5-1-3）

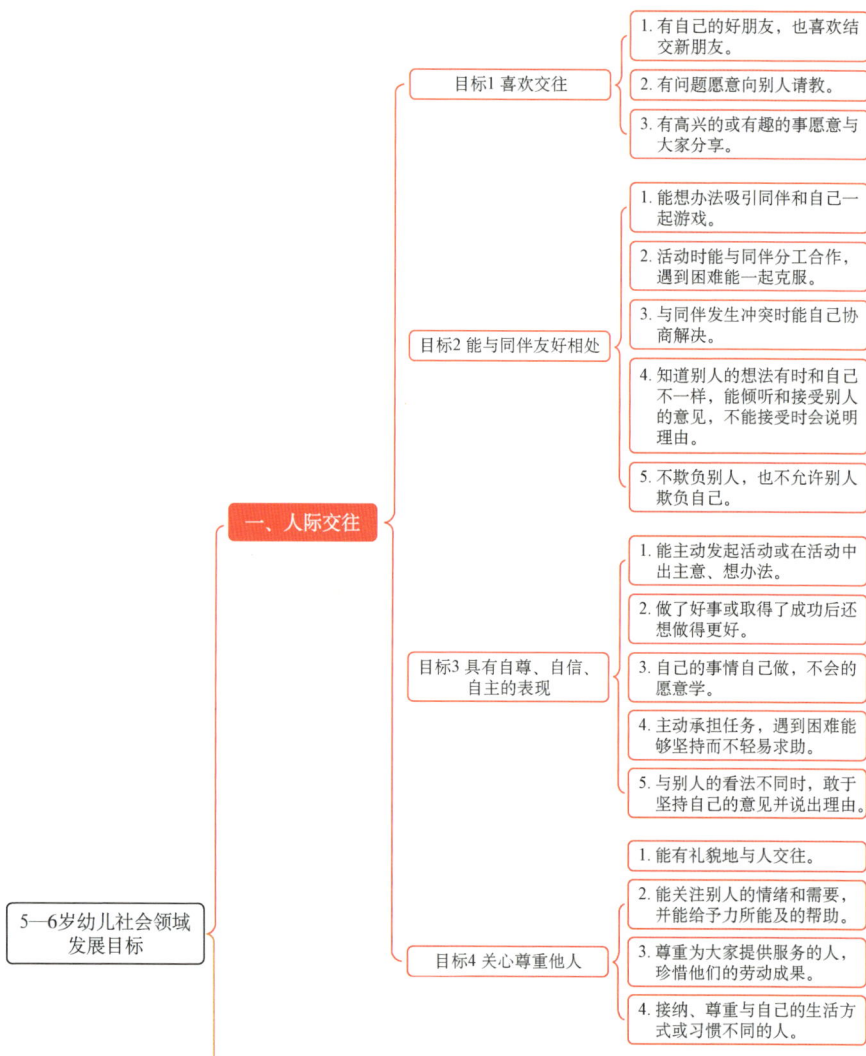

- 目标1 喜欢交往
  1. 有自己的好朋友，也喜欢结交新朋友。
  2. 有问题愿意向别人请教。
  3. 有高兴的或有趣的事愿意与大家分享。
- 目标2 能与同伴友好相处
  1. 能想办法吸引同伴和自己一起游戏。
  2. 活动时能与同伴分工合作，遇到困难能一起克服。
  3. 与同伴发生冲突时能自己协商解决。
  4. 知道别人的想法有时和自己不一样，能倾听和接受别人的意见，不能接受时会说明理由。
  5. 不欺负别人，也不允许别人欺负自己。
- 目标3 具有自尊、自信、自主的表现
  1. 能主动发起活动或在活动中出主意、想办法。
  2. 做了好事或取得了成功后还想做得更好。
  3. 自己的事情自己做，不会的愿意学。
  4. 主动承担任务，遇到困难能够坚持而不轻易求助。
  5. 与别人的看法不同时，敢于坚持自己的意见并说出理由。
- 目标4 关心尊重他人
  1. 能有礼貌地与人交往。
  2. 能关注别人的情绪和需要，并能给予力所能及的帮助。
  3. 尊重为大家提供服务的人，珍惜他们的劳动成果。
  4. 接纳、尊重与自己的生活方式或习惯不同的人。

一、人际交往

5—6岁幼儿社会领域发展目标

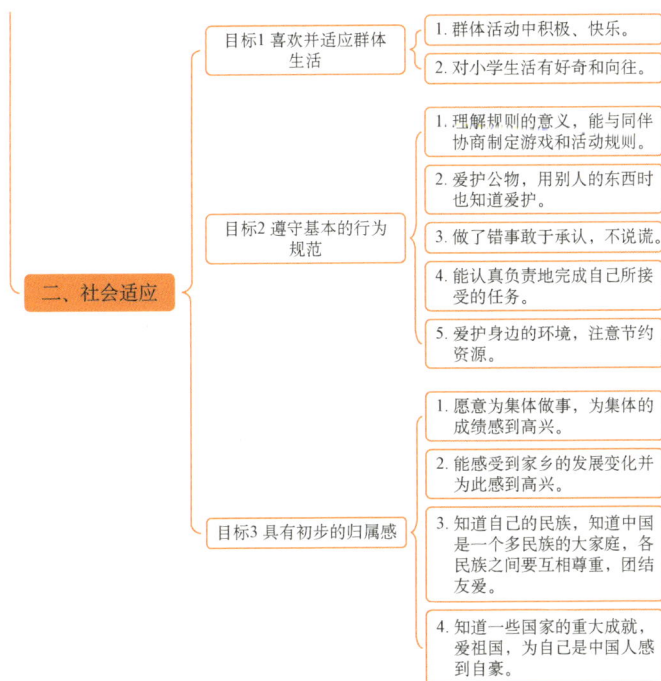

图 5-1-3　自动生成的思维导图

三、拓展延伸

AI 制作思维导图是一种非常高效的方法，案例中是收集文档的信息后整理成的思维导图，同样也可以处理我们需要的其他文档，比如将论文课题等文献上传，再让 AI 进行总结并整理，而在使用的过程中，我们也注意到需要人工校对审核内容，AI 可能生成错误；另外使用整理好的思维导图时，还需要检查 AI 生成内容是否涉及版权问题，避免抄袭风险，规范标注来源。

案例贡献者

陈枭骁

班主任老师

2018 年 9 月 17 日加入云谷

5-2 利用 AI 助力办公室工作：简报撰写

适用场景	简报、通讯报道撰写
推荐工具	DeepSeek 等大语言模型
推荐理由	DeepSeek 等 AI 工具在经过一些范本的学习后，可以高效输出符合要求的简报文本，从而提高简报编辑效率。

一、背景介绍

作为幼儿园办公室主任，撰写幼儿园简报或通讯报道是我的日常工作之一。简报的撰写格式有固定的要求，例如标题需简明扼要，内容要条理清晰，语言既要正式又不失温度。简报也可设置多个栏目，如园所动态、教育教学活动、后勤保障、家园共育、师生风采，等等。借助 AI 工具，可以在提高写作效率的同时，确保语言的规范性与表达的精准度，使简报内容更加生动、流畅，从而提升阅读体验和传播效果。

二、共生过程

近期上海闵行区教育局团队参访云谷幼儿园，参访过程中幼儿园园长、教师分别作了专题分享和交流座谈，访客反馈较好。对于此次活动，我需要撰写通讯报道呈现在当月简报中。

（一）第一次共生过程

> **提示语：**
>
> 这是我写的简报模板，请你帮我写一篇关于 11 月 7 日闵行区"教育家培育工程"项目组织部分书记、校园长参访云谷幼儿园的简报内容。

DeepSeek：

请提供以下信息以便撰写简报：

1. 本次参访的主要议程和内容，例如观察教学活动、座谈交流等。

2. 参访者的具体身份，例如闵行区哪些学校的书记、校长。

3. 参访中分享的云谷幼儿园特色或重点内容，例如课程体系、教育理念等。

4. 如果有总结性或展望性的内容，请提供大致方向或关键词。

这样可以更精准地撰写简报内容！

（二）第二次共生过程

我的思考：

　　第一次对话的时候我没有给 AI 准确详细的信息，它给我的提示是很有必要的。于是我将活动流程主题讲座的内容和参访人员名单发给了 AI。

> 提示语：
>
> 　　以下是本次活动的流程、讲座的内容和参访人员名单、参访人员的反馈。

　　以下是 DeepSeek 给我最后输出的简报文稿内容。

DeepSeek：

闵行区"教育家培育工程"项目书记、校长一行走进云谷幼儿园

11月7日上午，闵行区"教育家培育工程"项目组织部分书记校长走进云谷幼儿园，围绕学校文化建设、课程体系建设及未来园所发展的实践路径展开参访与交流。本次活动由闵行区教育学院主办，云谷幼儿园承办，来自区内多所学校的书记和园长参与了此次观摩研学。

来访一行在蔡伟玲园长的陪同下，参观了园所户外空间、图书馆、创想工坊、教室环境等，对云谷幼儿园"儿童为本、生活即教育"的教育理念表示高度认可。园长从"空间即课程"的设计逻辑切入，介绍了园所空间如何支持儿童自主探究与深度学习。

随后，教师发展中心主任周燕老师分享了云谷幼儿园在课程设计、教师成长支持机制及项目式学习中的探索实践，结合真实案例生动呈现了课程如何根植于儿童生活，促进儿童多元能力发展。与会书记和园长们围绕学校文化塑造、教学领导力建设等话题展开了深入座谈与交流。

通过现场观摩与经验分享，来访嘉宾们对云谷幼儿园"以儿童为中心"的教育理念及其在课程实践中的呈现有了更深入的理解。大家纷纷表示，此次参访不仅激发了对未来教育的更多思考，也为推动本校课程建设和教师队伍发展带来了启发与参考。

我的思考：

　　因为最终简报呈现需要考虑排版等多种因素，我在 AI 输出的文稿基础上再进行删减和调整。

三、拓展延伸

　　当你初次尝试使用 AI 时可能会无法一下子完全将需求说清楚，先让 AI 学习你提供的模板、范例是非常有必要的，它可以通过自我学习后更好地完成简报撰写。

　　在此过程中，AI 为了更好完成简报稿件的撰写，会总结提炼所需要的关键内容并向你提问，你在回答问题时，需求也会逐步明确，这样 AI 产出的内容会更符合我们的需求。

　　幼儿园各种大型活动都能用这样的方式去撰写，可以大大提高简报撰写工作效率。

案例贡献者

高黎煌

幼儿园总务及办公室负责人

2022 年 8 月 17 日加入云谷

5-3 使用 AI 助力教师科研：关于课题提纲的撰写

适用场景　教师撰写科研课题的过程，特别是在提纲构建和文献分析阶段

推荐工具　ChatGPT、通义千问、DeepSeek 等大语言模型

推荐理由　帮助教师快速搭建课题提纲和整理文献，节省时间，让教师更专注于研究创新；通过智能分析优化课题结构，提升逻辑性和学术质量；助力教育领域智能化转型，为教师科研提供高效支持。

一、背景介绍

　　现如今，教师有着越来越多的科研需求，渴望将实践成果提升为专项课题，然而科研往往需要花费大量时间，消耗教师很多精力。AI 技术的引入，为教师提供了强大的支持，在搭建课题提纲方面，AI 能够快速分析大量文献，提取关键信息，帮助教师构建逻辑清晰、结构合理的课题框架。这不仅节省了教师的时间，还提高了课题的质量和学术价值。AI 助力教师撰写科研课题，不仅是技术进步的体现，更是教育领域智能化转型的重要一步。

二、共生过程

　　我想要申报一个课题，目前已有一些研究成果，现想梳理形成一份撰写提纲。于是我想借助 AI 的力量共同梳理产出。

（一）第一次共生过程

与AI完整
对话5-3

提示语：

你好，我是一名幼儿园教师，最近想写一份课题报告。课题内容是"大班年级组主题教材开展个性化备课的策略研究"。研究的缘起是发现教师在使用教材进行集体备课时，有时会出现目标不清晰、缺乏有效性，或者班级之间无法形成合力等问题。因此，我尝试对集体备课模式进行调整：首先基于年段整体目标对教材进行分析，然后各班级再根据具体班情开展备课，同时保证备课过程中的分享与跟进。通过这种方式，我们希望形成一种既有统一目标，又能保持个性化，并且可以互相支持的年级组集体备课模式。

请帮我基于以上内容产出一份课题提纲。

通义千问：

当然可以，根据您提供的信息，这里是一个关于"大班年级组主题教材开展个性化备课的策略研究"的课题提纲：

一、引言

- 研究背景与意义
  - 集体备课现状分析：目标性、有效性不足；班级间缺乏合力。
  - 个性化备课的重要性及其对教学效果的影响。

二、文献综述

- 相关概念界定
  - 集体备课与个性化备课的概念解析。
- 国内外相关研究回顾
  - 探讨已有研究中的主要观点及发现。
  - 当前实践中的挑战和机遇。

三、研究方法

- 研究设计
  - 描述研究对象（大班年级组）的选择标准。
- 数据收集方法
  - 观察法、问卷调查、访谈等方法的应用。
- 数据分析方法

- 如何处理和解读收集到的数据。

四、基于年段整体目标的教材分析

- 教材内容概述
  - 分析所用教材的主要内容和结构特点。
- 年段教育目标与教材内容的匹配度
  - 探讨如何确保教材内容符合大班幼儿的发展需求。

五、个性化备课策略探讨

- 基于班情的个性化调整策略
  - 如何结合各班实际情况进行备课调整。
- 分享与跟进机制的建立
  - 强调过程中的沟通与合作对于提升教学质量的重要性。

六、案例分析

- 成功案例展示
  - 选取几个成功的个性化备课案例进行深入分析。
- 经验总结与反思
  - 总结成功经验，并指出在实施过程中遇到的问题及解决方案。

七、结论与建议

- 研究发现总结
  - 归纳出有效的个性化备课策略。
- 对未来研究和实践的建议
  - 提供具体建议以指导未来的教学实践。

（二）第二次共生过程

我的思考：

读完 AI 生成的课题提纲以后，我认同它给出的大致思路，但是每一个维度都撰写得过于简单，且"研究背景和意义"放在同一个维度不是特别合适。

提示语：

可以帮我为每一个模块的内容进行丰富吗？并将研究背景与意义分为两个模块。在研究背景中加入一点："当教师使用共享教案的资源时，可能会出现使用困难的情况。"请用更学术的表达将其表达出来。另外，请帮助把研究背景细致罗列，并用语言简单描述。

通义千问：

当然，我们可以将研究背景与意义分为两个独立的模块，并在研究背景中加入关于教师使用他人备课教案时遇到困难的学术性描述。以下是详细的罗列和简单描述：

一、研究背景

（一）集体备课现状分析

1. 目标性不足

● 现状描述：当前的集体备课往往缺乏明确的教学目标，导致教学活动设计不够聚焦，难以有效支持幼儿的发展需求。

● 具体表现：教师在备课过程中未能差异化考虑大班幼儿的认知水平、兴趣爱好和发展阶段，使得教学内容和方法缺乏针对性。

2. 有效性不足（略）

3. 班级间缺乏合力（略）

4. 教师在使用他人备课教案时有难度（略）

（二）个性化备课的重要性及其对教学效果的影响

1. 个性化备课的优势

● 现状描述：……

● 具体表现：……

2. 个性化备课对教师专业成长的支持（略）

二、研究意义

（一）理论意义

● 丰富相关理论体系：……

● 推动学前教育研究的发展：……

（二）实践意义

● 提升教学质量：……

● 促进教师合作与交流：……

● 增强教育公平性：……

（三）第三次共生过程

我的思考：

　　针对 AI 给出的课题研究策略，我对"集体备课调整后的具体实施步骤"有自己的思考，因此我将自己的思考进行简单罗列，给 AI 进行整合。

提示语：

以下为具体的年级组集体备课调整后的实施步骤：

第一步：读教材——每个人结合班里孩子的情况去读；

第二步：先定班级目标，再按照班级目标定年段整体目标；

第三步：各班根据班情进行主题下的具体的排课；

第四步：备课；

第五步：资源分享、从班级走向年级组分享。

请将其修改到整体提纲中。

通义千问：

好的，根据您提供的具体年级组集体备课调整后的实施步骤，我将其整合到整体提纲中。以下是更新后的完整提纲：

......

五、个性化备课策略探讨

● 基于班情的个性化调整策略

　○ 如何结合各班实际情况进行备课调整：提供具体的案例和建议，展示如何根据班级特色、学生兴趣和能力水平调整教学计划。

● 分享与跟进机制的建立

　○ 强调过程中的沟通与合作对于提升教学质量的重要性：介绍有效的沟通渠道和协作方式，如定期会议、资源共享平台等。

（一）年级组集体备课调整后的具体实施步骤

1. 读教材——每个人结合班里孩子的情况去读

　○ 每位教师阅读教材时，需结合自己班级孩子的具体情况（如认知水平、兴趣爱好、特殊需求等），思考如何将教材内容与班级实际情况相结合。

2. 先定班级目标，再按照班级目标定年段整体目标
- 各班教师首先根据班级实际情况制定具体的目标。
- 在此基础上，年级组共同讨论并整合各班的目标，形成一个覆盖整个年级的总体目标，确保教学方向一致。

3. 各班根据班情进行主题下的具体的排课
- 各班教师根据班级目标和教材内容，制定详细的课程安排表，确保教学内容和活动设计符合班级的实际需求。

4. 备课
- 教师根据班级的课程安排表，准备具体的教案、教具和活动材料，确保每一节课的教学内容都具有针对性和可操作性。

5. 资源分享、班级走向分享
- 定期召开年级组会议，教师们分享各自的备课资源（如教案、课件、教具等）和班级的教学进展。
- 通过分享，教师们可以互相借鉴经验，优化自己的教学方案，并及时调整后续的教学计划。

实践效果：

通过和 AI 的共创，这篇课题的提纲初见模型，并且在不断追问下，提纲内容逐渐清晰。但还有一些地方等待继续共创。利用 AI 可以比较好地帮助我建构课题的提纲框架，有时还能给自己一些新的启发。

三、拓展延伸

在撰写课题提纲时，如果能够善用 AI 工具并与之高效互动，将大大提升工作效率和提纲质量。以下是几个实用策略，可以帮助教师更好地利用 AI 完成这一任务。

明确研究主题和目标，快速聚焦关键内容，避免偏离方向。在与 AI 对话前，先清晰定义研究主题、目标以及核心问题。例如，在本次提纲撰写中，我明确了"大班年级组主题教材开展个性化备课的策略研究"这一主题，这为后续讨论奠定了基础。

分步骤拆解需求，减少信息过载，确保每一步都清晰且完整。将复杂的任务分解成多个小问题或模块逐步提问。例如，我先让 AI 细化"研究背景"，再要求加入具体的实施步骤。这种分步式提问让 AI 更容易理解我的需求并提供针对性的回答。

提供已有材料或框架，让 AI 基于对话者的思路进行扩展和完善，而不是从零开始设计。如果已经有初步的想法或框架，直接分享给 AI。例如，我提供了具体的"年级组集体备课调整后的实施步骤"，这让 AI 能够直接将其融入整体提纲中，而不需要重新构思。

尽量用简洁、清晰的语言描述需求，例如"请将 XX 部分补充到提纲中"或"请按照以下格式生成内容"。这样可以减少歧义，提高效率。

及时反馈和调整，让文本逐步接近理想结果。当 AI 提供的内容不完全符合需求时，及时提出具体修改意见。例如，我提到需要将"实施步骤"整合到提纲中，这一反馈帮助 AI 更好地满足了我的需求。

注重逻辑性和层次感，让 AI 更容易组织内容，形成条理清晰的结果。在描述需求时，注意内容的逻辑性和层次感。例如，在提纲中区分了"研究背景"和"研究意义"，并且进一步细化了"实施步骤"，这种清晰的结构化思维对生成高质量提纲非常重要。

善用关键词提示，让 AI 更快锁定重点，提供更符合期望的回答。在提问时，我会加入关键词，例如"学术性表达""详细罗列""案例分析"等，明确告诉 AI 希望得到的内容形式。

案例贡献者

董亦然

年级组长

2018 年 7 月 5 日加入云谷

5-4 警惕 AI "美化滤镜"：如何从反面案例中学习撰写幼儿发展评估报告

适用场景	撰写幼儿发展评估报告
推荐工具	DeepSeek
推荐理由	明确如何利用 AI 撰写真正属于这个幼儿的幼儿发展评估报告。

一、背景介绍

每学期幼儿园教师都会给每个幼儿写一份发展评估报告，来向家长反馈一学期来这个孩子各方面的学习发展。在学期末，这项工作对于教师来说是很大的工作量，很多教师想到用 AI 来帮助自己提高工作效率，这是很好的想法，但是如果使用不当就会适得其反。本文就是通过分析一个 AI 生成的 2—3 岁幼儿发展评估报告存在的问题，来引导教师如何更正确而专业地使用 AI 帮助撰写学期幼儿发展评估报告。

二、共生过程

寒假期间，我的一个朋友给我发了一份她孩子在一所蒙台梭利幼儿园 IC 班（即托班，2—3 岁孩子的班级）就读一学期后，教师对孩子的发展评估报告。报告分三个部分：第一部分是"个体发展"；第二部分是"工作进展"（见图 5-4-1），这部分是蒙台梭利教育特有的评估我不作评价；但是第三部分"整体反馈"看后让我很有想法（见图 5-4-2），与大家分享我与 DeepSeek 基于深度思考的交流。

亲爱的家长：

您好！

衷心感谢您一直以来的理解、陪伴和支持！

我们为每个独一无二的孩子准备了学习与发展的进展报告，将孩子在蒙台梭利教室里的发展状况记录下来。然而，我们希望您能以探索、了解、欣赏的眼光来看待这份报告，这份报告记录的是目前孩子已经发展出来的能力以及各方面的进展情况，并不是断言她的发展仅此而已。报告中的每一项记录都是老师根据观察与评估得出的，我们衷心地希望能够对孩子继续提供有意义的协助。让我们一起肯定孩子存在的价值，不断发掘、鼓励、支持孩子的发展，让孩子成为她自己本该成为的样子。

第一部分：个体发展

需要加强=1，比较少=2，有时=3，经常=4，总是=5

连续的社会和情感发展

能力	评价	能力	评价
选择能力	5	完成任务	5
专注力	4	社交关系	4
自律	4	解决冲突	4
自我满足	5	团体参与性	5
独立	4	照顾他人	5
秩序性	4	照顾动植物	4

第二部分：工作进展

已介绍=Introduce=I，进展中=Progress=P，接近掌握=Near to the Master=NM，掌握=Master=M

自我照顾

穿脱鞋子	M	洗手工作	M	魔术粘	M
穿脱外套	M	在水槽洗手	M	拉链	M
穿脱裤子	M	擦鼻涕	M	皮带扣	M

图 5-4-1　开篇介绍

第三部分：整体反馈

亮点：

1. 自主能力突出：你是一个充满活力的孩子，无论在幼儿园还是家中，都能独立完成自己的事情，如自主换裤子、鞋子，餐后能自觉收拾餐盘，玩乐后也能有条不紊地整理玩具。

2. 秩序感出众：行事间尽显秩序与逻辑之美，每一个环节都行云流水般顺畅，有条不紊地推进着各项事务，这种秩序感让所有的事情都能在井井有条中达到预期效果。

3. 精细动作和手眼协调能力优秀：手部的精细动作发育得极为出色，在进行精细作业之时，双手稳扣磐石，手眼之间配合得恰到好处，任何细致的工作都能被完美地完成。

4. 创意无限：你的作品总是充满想象力，富有故事性，每次分享都让我们眼前一亮。你的绘画、粘贴、粘土技巧也在不断提高，作品越来越精美了。

后续关注点：

1. 社交方面：愿你在人际交往的旅程中，更多地运用语言表达内心的需求，掌握恰到好处的拒绝艺术，同时习得与人和谐共处的智慧。

2. 情绪方面：愿你在情绪高涨之时，能够迅速平复心境，以平和的态度，缓缓诉说，温和交流。

图 5-4-2　整体反馈

（一）第一次共生过程

与 AI 完整对话 5-4

> **提示语：**
>
> 以下是一篇蒙台梭利幼儿园老师给 2—3 岁幼儿写的评估报告，我觉得有很大的问题。我先把教师的评估报告发给你，再把我的思考发给你，请给出对这份评语的评价，以及教师在使用 AI 中要注意的问题。

DeepSeek：

一、评语存在的问题

1. 语言过于抽象，脱离幼儿发展特点

● 问题：评语中大量使用成人化、文学化的表述（如"行云流水般顺畅""井井有条中达到预期效果"），不符合 2—3 岁幼儿的实际能力与发展阶段。该年龄段幼儿的"秩序感"通常表现为对固定流程的依赖（如按顺序摆放玩具），而非主动规划事务的"逻辑性"。

- 后果：家长可能难以理解具体行为，甚至产生不切实际的期待（如误认为孩子已具备超龄的自我管理能力）。

2. 评价缺乏具体行为描述

……

3. 后续关注点表述负面化

……

4. 忽视蒙台梭利教育的核心理念

二、教师使用AI撰写评语时需注意的问题

1. 警惕AI的"过度美化"倾向

- AI易生成华丽但空洞的词汇（如"稳如磐石""创意无限"），教师需替换为具体、真实的幼儿行为描述。

2. 结合蒙氏观察记录修正AI内容

……

3. 年龄适配性原则

……

4. 情绪与社交反馈需正向引导

……

5. 保留"儿童视角"的语言温度

三、改进建议（示例）

原评语修正对比

亮点-秩序感出众（修改后）

"XX每天午睡后都会把鞋子整齐地放在小脚印上，如果发现其他小朋友的鞋子歪了，还会帮忙摆正呢！你总是提醒大家'鞋子要回家'。"

……

（二）第二次共生过程

我的思考：

DeepSeek对这篇评语的评价与分析总体反映了其中最本质的问题，但是拿这个案例给老师分析、学习还不够接地气，指导意义不足，于是有了再一次的交流。

提示语：

　　我对以上教师的评语也作了分析思考，请用我的表述风格，融合你刚才的评价分析，再整理一份可以给幼儿园教师帮助的文章。以下是我的思考：第三部分看后我蹦出的一个词是"AI味"，没有呈现该幼儿的具体表现，泛泛而谈很空洞，且教师所列举的亮点和后续关注的内容，远远超出了2—3岁孩子的实际发展状况，比如，"秩序感出众：行事间尽显秩序与逻辑之美，每一个环节都如行云流水般顺畅，有条不紊地推进着各项事务，这种秩序感让所有的事情都能在井井有条中达到预期效果。"要达到这样的表现对于成人都是困难的，何况2—3岁的孩子，完全是对幼儿实际发展水平的无知，另外……

DeepSeek：

警惕AI"美化滤镜"：如何撰写符合2—3岁幼儿真实发展的评语
——从一份"超龄评语"看教师使用AI的三大误区与改进策略

一、问题诊断：这份评语为何"失真"？

1. 语言"成人化"：用诗意修辞掩盖观察缺失

● 典型问题：

  ● "秩序感出众：行事间尽显秩序与逻辑之美，每一个环节如行云流水般顺畅。"

  ● → 2—3岁幼儿的秩序感表现为对固定流程的依赖（如坚持按顺序穿鞋），而非主动规划事务的"逻辑性"。

  ● "双手稳如磐石，手眼配合恰到好处。"

  ● → 该年龄段幼儿手部肌肉仍在发育，拿取小物件时可能出现颤抖或掉落，所谓"稳如磐石"违背发展规律。

● 本质问题：

  ● 教师未基于真实观察，直接使用AI生成的"美化语言"，导致评语脱离实际，甚至误导家长对孩子的认知。

2. 目标"超龄化"：用成人标准要求幼儿

● 典型矛盾：

  ● 要求幼儿"掌握恰到好处的拒绝艺术""情绪高涨时迅速平复心境"。

  ● → 2—3岁幼儿正处于"自我意识萌芽期"，拒绝时常以动作（如推开）或简单语言（如"不要！"）表达；情绪调节需成人引导（如拥抱、转移注意力），无法独立"迅速平复"。

- 本质问题：
- AI 基于通用模板生成建议，未结合幼儿年龄特点，教师未作筛选调整，导致评估失去教育指导价值。

3. 内容"空洞化"：缺乏具体案例支撑

- 典型表现：
  - "创意无限：作品充满想象力，技巧不断提高。"
  - → 未说明孩子如何创作（如用黏土捏出圆球并说"这是妈妈的项链"），也未描述进步细节（如从随意涂鸦到能画闭合圆圈）。
- 本质问题：
- AI 生成概括性结论，教师未补充具体观察记录，评语沦为"通用模板"。

二、教师使用 AI 的三大误区

误区 1：将 AI 作为"替代观察"的工具

- 风险：依赖 AI 生成"看似专业"的语句，忽视对幼儿真实行为的记录（如每天如何操作教具、与同伴互动几次）。
- 改进：
- AI 仅作框架参考，教师需用观察日志中的具体案例替换抽象描述。

误区 2：盲目接受 AI 的"发展建议"

- 风险：AI 可能推荐超龄目标（如要求 2 岁幼儿"用完整句子表达需求"），违背敏感期规律。
- 改进：
- 对照《婴幼儿发展指南》筛选内容，例如将"掌握拒绝艺术"改为"学习用'不要'或摇头表达拒绝"。

误区 3：忽视蒙台梭利教育的独特性

······

三、改进策略：让 AI 为真实观察赋能

1. 输入真实数据，限制 AI"想象力"

- 向 AI 提供具体观察记录（而非笼统指令）：

- "请根据以下观察片段生成评语：XX 本周 4 次选择倒豆子工作，能用右手三指抓握勺子，将豆子倒入小口瓶，成功 3 次洒出 2 次，成功后拍手说'倒了'。"

2. 用"儿童视角"改写 AI 语言

- AI 原句："你的作品充满故事性，每次分享都让人眼前一亮。"
- 教师修正："你指着画上的圆圈说'这是爸爸的车轮'，还用手比画车子'嘟嘟'开走的样子，我们都很喜欢听你讲故事！"

3. 发展建议需"小步递进"

- AI 原建议："掌握与人和谐共处的智慧。"
- 年龄适配调整：
- →"当 XX 想玩小朋友的玩具时，我们会示范说'可以给我吗'，并鼓励他模仿。家长在家可用玩偶模拟交换场景，帮助孩子练习。"

四、结语：AI 时代，教师更需"回归观察者"

蒙台梭利曾说："儿童通过工作建构自我。"教师的专业价值，正在于捕捉那些 AI 无法替代的细节——孩子操作教具时的专注眼神、第一次成功系扣子的兴奋、与同伴冲突时的犹豫……AI 可以是语言整理的"助手"，但绝不能替代教师作为"儿童研究者"的角色。唯有扎根真实观察，技术才能真正为教育赋能。

实践效果：

DeepSeek 这次生成的内容超出我的期待，表述风格基本按照我给的示例，从幼师视角很接地气，问题找得精准，给的建议也很具体，逻辑特别清楚。我把第二次 DeepSeek 给的内容全部呈现不做删减，是因为它特别全面且专业，可直接作为园所教师利用 AI 撰写幼儿发展评估报告的培训材料，帮助一线教师平衡 AI 工具与专业判断，写出"有温度、有依据、有指导性"的幼儿发展评语。

三、拓展延伸

教师是儿童研究者，唯有扎根真实观察，技术才能真正为教育赋能。当我们要利用 AI 来赋能教育的时候，我们自己首先要有"料"，这个"料"包括我们自己对教育、对儿童的思考，我们自己的教育专业功底；更重要的是我们对眼前孩子和教育场景的细致观察：孩子的言行、表情神态、孩子表现的延续性等等。当我们的"料"特别丰富的时候，我们所看见的发展中的孩子才是最生动、最有蓬勃生机、最有特点的 ta 自己，基于此，AI 才能给到我们个性化教育的最大支持。当我们有"料"的时候，我们才能分辨 AI 给出的是不是我们真正想要的、合适的内容。当我们有"料"的时候，我们才能不断地和 AI 互动共生，产出我们的智慧火花，享受智慧提升的"哇时刻"！

案例贡献者

蔡伟玲

云谷幼儿园总园长

2017 年 11 月 1 日加入云谷

5-5 利用 AI 助力教研：观课后的教学反思和活动复盘

适用场景	观评课、日常观察记录、课堂设计、教师培训等多元教育场景
推荐工具	Perlexity AI、ChatGPT 等大语言模型
推荐理由	AI 擅长将零散的笔记整理成结构化、条理清晰的内容，转换为易于阅读和理解的表述，分类和对比能力可帮助教师全面洞察课堂表现，精确定位亮点与改进点。

一、背景介绍

在幼儿园的日常教学中，教研组长常常需要对课堂教学作观察记录，以便为教师提供反馈和建议。那些零散的手写记录，可以借助 AI 技术将其转化为结构化的数据。通过分析这些数据，AI 能够根据观察的细节提供个性化的反馈，帮助教研组长为被观课的教师提出优化建议。这不仅提高了工作效率，还能为教师的后续教学提供更具针对性的改进方向。

二、共生过程

在进行半日观察时，我首先以时间轴的方式记录每个时间段教师的活动设计和孩子们的反应。通过这种方式，我能更清晰地了解课堂中的每个环节。我将这些零散的记录交给 ChatGPT，结合校方给的三大观察维度，希望使用 AI 将数据整理成清晰的表格，并初步给到改进建议。

（一）第一次共生过程

与 AI 完整
对话 5-5

提示语：

请根据三大维度"教师团队合作教学模式的形成""通过合作教学促进差异化教学""英文半日浸润式环境"整理我的观课记录。结合这些维度，使用表格形式清晰列出，并提供针对性的点赞和支持建议。我所观察到的数据信息如下：

9：25 从蓝色跑道回班

9：28—9：35 陆续换鞋

9：35—9：55 点心时间：TC 分点心，TB 看换衣换鞋

9：45 TA: I want more cake please. (Pecan nuts)

9：49 TA: one more minute

9：50 Clean up song

9：57 97% 准备好，留下 inquiry area 2—3 人

……

ChatGPT：

好的，整理好的数据如下，根据三大维度使用表格形式列出：

时间与活动	观察记录与亮点	建议
9:25－9:35 从蓝色跑道回班并换鞋	孩子们从户外活动回班，老师们分工协作：教师协助孩子换鞋，另一位教师在旁观察，另一位教师则准备教学活动。	- 清晰的分工：老师们各司其职，快速帮助孩子进入室内活动。
9:35－9:55 点心时间	- 教师负责分点心，另一位教师帮助孩子们更衣，教师进行语言对话引导："I want more cake please." 孩子们使用英文对话流畅。	- 更多语言输入机会：建议点心分完后，教师可以照顾在洗手的孩子或者协助衣柜那边的孩子加速进入点心或者区域游戏。
9:57 教学开始	- 教师带领开场问候和集体歌唱，孩子们积极参与，歌唱活动包括"Happy New Year"及"Macy's CNY Song"。	- 在小组教学环节中设计问题确认lower level孩子明白关键词，可邀请孩子翻译单词或开放孩子提问，例如"What is Chinese Zodiac Sign?""I don't know ...."
10:02 故事互动环节	- 老师通过提问引导孩子思考："What is the name of the book?""What is the red thing you can see?" 孩子们积极回答。	- 为基础能力稍弱的孩子设计简单的关键词问题，并鼓励能力较强的孩子协助翻译或补充答案。
10:30－11:00 自由活动与手工制作	- 孩子参与手工活动时，部分孩子（如Molly、Ran）主动尝试并用英文表达需求："Can you help me, please?"	- 加入示范与语言口诀：建议在手工开始时加入具体操作示范和语言提示，例如："First, second, then..."，One, poke it in. Two paste it on. Three ....
11:15 冲突处理	- 两位孩子在穿鞋时发生推搡冲突，William进班主动向老师求助。	- 重点观察与提前干预：建议老师提前关注经常发生冲突的孩子的动向，带队老师避免视线死角。

图 5-5-1　第一次生成的观课记录表格

（二）第二次共生过程

我的思考：

　　收到 ChatGPT 整理后的反馈，呈现的页面和数据清晰，可读性提高了，这样的呈现方式给到了我启发，优化教学的关键在于引发教师的深入思考，而不仅仅是从观课者的角度提供建议。于是，我向 ChatGPT 提出了下一个请求。

> **提示语：**
>
> 　　请不要直接给出建议，而是提出一些问题，引导教师思考，同时多强调设计中值得肯定的亮点。

ChatGPT：

好的，根据三大维度观察，可以引导教师的问题思考如下：

1. 教师团队合作教学模式的形成

2. 教师们在各环节中分工明确，教师 C 负责分点心，教师 B 帮助孩子更衣，教师 A 专注教学内容。在分点心和转场环节中，教师们如何确保每位孩子都能顺利完成过渡？面对队伍过长的情况和落队的孩子，是否有更高效的关注方式？

3. 通过合作教学促进差异化教学

4. 教师通过身体动作分割句子，引导孩子学习音律和语音。课堂提问如"What is the name of the book?"激发孩子思考并踊跃参与。如何在设计问题时更好地兼顾能力稍弱的孩子，让他们能够理解并积极回答？在故事互动和手工活动中，如何平衡开放性问题和具体指导？

......

（三）第三次共生过程

我的思考：

　　ChatGPT 协助将原本直接提出建议或指出问题的语句，以提问的方式呈现，引导教师们主动思考、反思并寻找解决方案，而不是单方面地接收反馈。随后，我将这些引导性问题与建议整理成表格的形式，保留了对教师们的积极肯定与具体观察，同时通过提问引发进一步思考。（图 5-5-2）在此基础上，我与 ChatGPT 共同撰写了一段文字，发送给被观课的班级教师，并同步翻译为英文版本，发送给外籍教师。

提示语：

请帮我将引导教师思考的提问，融入表格中的建议与问题栏。并且保留观察记录和亮点，重新生成一张表格。在最后，写一段给教师的文字，中英文，开头为"亲爱的老师们，在周四的英文半日活动中，观察到教师之间高度默契的合作、班级中孩子轻松愉快的氛围，以及英文浸润式环境中的丰富输入与输出"。接着请你帮我接续一段文字介绍这份文件，建议教师在复盘会议中，针对这份文件的观察建议和问题，讨论下学期的方向。

ChatGPT：

好的，以下为调整过后的表格与一段给到教师的文字，中文和英文版本：

时间与活动	观察记录与亮点	建议/Questions
9:25 — 9:35 从蓝色跑道回班并换鞋、衣物	孩子们从户外活动回班，老师们分工协作：教师B协助孩子换鞋衣物，教师C分配点心，教师A引导孩子进班流程、准备教学活动。	回班级的队伍拉得有点长，是否顾不到最后面落队的孩子？review meeting可讨论行径速度和拖队孩子的因应方法。
9:35 — 9:55 点心时间	- 教师C负责分点心，教师B帮助孩子们更衣，教师A进行语言对话引导："I want more cake please." 孩子们使用英文对话流畅。- 点心后孩子们能有序清理，快速进入下一个活动。	- 建议：点心分发完成后，教师C可以协助洗手或衣柜区域的孩子加速进入点心或区域游戏。Ulika则可以与拿点心的孩子进行简短互动，如："What do we have for snacks today?" "Do you like…？" "I wonder how many of you like…"。
9:57 教学开始	- 教师A带领开场问候和集体歌唱，孩子们积极参与，歌唱活动包括"Happy New Year"及"Macy's CNY Song"。- 教学方法多样，包括听音频、看图片、介绍单词和解释故事情节。	- 在教学环节设计，如何确认能力稍弱的孩子理解关键字or内容？|
10:02 故事互动环节	- 教师A通过提问引导孩子思考："What is the name of the book?" "What is the red thing you can see?" 孩子们积极回答。- 故事环节充分利用图片、音频和问题进行互动。	- 建议如果发现孩子开始离开座位，可尝试加入小段身体活动或者有节奏性的指令、游戏，让大脑、身体放松后继续参与。

图 5-5-2 优化后的观课记录表格

亲爱的老师们，

在周四的英文半日活动中，观察到教师之间高度默契的合作、班级中孩子轻松愉快的氛围，以及英文浸润式环境中的丰富输入与输出。本文件总结了蔷薇家英文半日活动中围绕"教师团队合作教学模式的形成""教师如何通过合作教学促进差异化教学"和"英文半日浸润式环境"三大维度的观察、问题与建议，供老师们参考。建议在复盘会议中，针对这些观察、问题和建议共同讨论如何为下学期制定更优的策略。

Dear Teachers,

......

实践效果：

在使用这份观课回馈表格后，多位教师给出了积极的回馈。他们表示：

表格的内容非常清晰且有帮助，能够帮助教师快速掌握自己课堂的整体状况。

相较于以往的手写记录容易遗失或难以辨认，这样的整理方式更易于管理与保存，也能随时查阅或追踪进度。

以往仅通过口头讨论，许多细节容易被遗忘，而这样的书面记录提供了更具体、可回溯的参考依据。

有教师提道："这份纪录让我不只对观课当天的班级有思考，也让我开始反思其他班级的教学状况，真的很有帮助。"

有教师建议可以在表格中新增一栏，让教师针对每一点进行回馈或标注后续的跟进行动，这样每一条建议或观察都能被具体落实。

此外，也有教师提到这样的方式适合全年持续追踪与记录，不仅方便自己回顾，也有助于团队之间的协作与沟通。

三、拓展延伸

在这次观课过程中，我手写记录了详细的课堂活动，包括时间轴、教学亮点、合作分工、语言互动以及行为观察。之后，将这些文字数据输入 Word 文档，并借助 AI 优化记录整理，按时间、类型、亮点和建议分类，使内容更易阅读。随后，AI 根据这些数据提供相应的教学策略，我只需在这个基础上调整具体方法和语调。不过，在这个过程中，我也发现原始数据的记录至关重要。这次的案例是通过手写转文字，再借助 AI 进行分析，但在信息转换过程中，仍然存在一定程度的精确度损失。未来，可以尝试结合语音记录机器人、照片和视频分析，使观课反馈更全面、更有理有据，给予被观课老师更精准的支持。

此外，最终修改的细节主要集中在语调调整和观者心理考量，因此，我选择了不同的排版方式，以提升可读性和接受度。这或许正是目前人工智能尚难以完全取代的部分——对人类情感互动的细腻把握和调整。

案例贡献者

黄金娘

年级双语组长 & 双语老师

2021 年 8 月 9 日加入云谷

5-6 让 AI 成为教研组的一员：参与集体备课主题教研活动

适用场景	有明确主题的教研活动现场组织
推荐工具	通义千问 AI 智能体
推荐理由	AI 在教研活动中作为教研成员之一，根据教研主题，快速生成可供集体研讨的"作业蓝本"，可以让所有教师在更加开放的环境中参与研讨，紧扣教研主题畅所欲言，真正"研"起来，解决真问题。

一、背景介绍

　　教研组织者期待全体教研组成员都能在教研过程中，围绕具体的教育教学问题展开讨论，通过合作式的研讨共同解决教学中的问题，进而提高教师专业能力，提升教育教学质量。但大多数教研活动没有真正"研"起来，教研组长独播、少部分人主讲、大多数人旁听是具有普遍性的教研现场，这样的教研活动对教师成长助推成效甚微。

二、共生过程

　　作为教研组长，检查教师备课情况是我的日常工作之一。在这一过程中，我发现教师们撰写教学目标的能力存在差异。基于前期集体备课的教研活动，我们开展了"教学目标撰写原则"的研讨，接下来将组织教师通过练习，加强对教学目标撰写原则的理解，提升教师遵循原则制定教学目标的能力。因此，我尝试邀请 AI 作为教研组的一员制作了教学目标小助手，参与以"教学目标制定原则"为主题的教研活动。具体做法是：

　　第一个环节：随机邀请一位 G 老师出题，让 AI 和全体教师同时完成作业"一份教学目标的撰写"。

（一）第一次共生过程

提示语：

　　12 月初的杭州，托班幼儿已经知道用嘴巴吹气能吹出风来，接下来将尝试开展艺术创作活动。让幼儿用艺术的方式来表现风，以吸管作为创作工具，吸管的一端对着嘴巴，另一端对着纸上的颜料，用嘴巴将液体颜料吹动，吹出流动的色彩，形成"彩色的风"。请为托班艺术创作活动《彩色的风》撰写教学目标。

通义千问 AI 智能体：

根据您提供的活动描述，我们可以将其转化为具体、明确的教学目标，涵盖认知、技能和情感三个维度，并且对应布鲁姆教育目标分类法的不同层级。以下是针对这个活动设计的教学目标：

针对这个活动设计的教学目标：

认知维度（理解与应用）

● 目标：孩子们能够理解风是如何形成的，特别是通过自己的嘴巴吹气产生的风。（布鲁姆层级：理解和应用）

技能维度（操作与创造）

● 目标：孩子们能够使用吸管和液体颜料，通过吹气的方式创作出"彩色的风"艺术作品。（布鲁姆层级：操作与创造）

情感维度（欣赏与参与）

● 目标：孩子们能够表达对艺术创作过程的兴趣和享受，以及对自然界现象的好奇心。（布鲁姆层级：反应与价值化）

　　第二个环节：在投屏上和黑板上分别呈现 AI 和教师们撰写的教学目标。（见图 5-6-1）

　　第三个环节：教师们一致认为 AI 的作业更清晰、更全面、更精准，所以共同选择 AI 的作业开展集体研讨。

　　首先大家被 AI 完成命题作业的速度折服，当 AI 的作业呈现在投屏上，马上吸引了教师们的注意。M 老师边读边情不自禁地发出了悠扬的"嗯"的声音，教研组长马上追问："这个'嗯'来自哪里?"

　　M：它写到了我没有想到的东西。比如我也想到了目标二，就是使用吸管跟颜料这条目标，但 AI 写得比较细致，提到了使用吸管和液体的颜料，用吹气的方式来创作出彩色的风，很具体的。

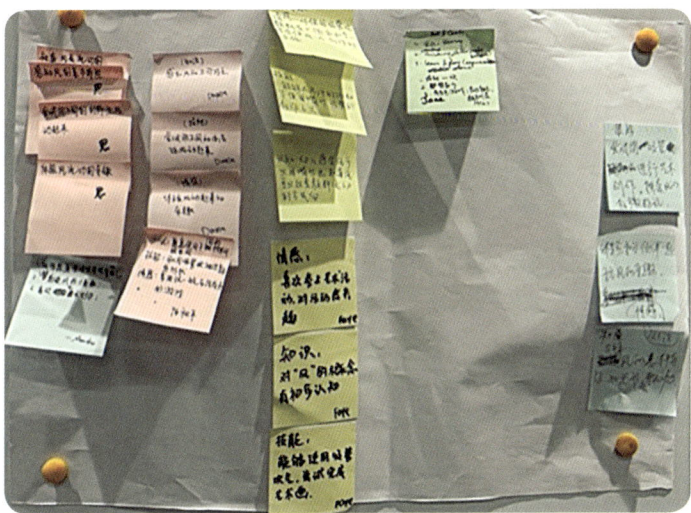

图 5-6-1　教师们撰写的教学目标

教研组长：为什么要写具体，你觉得目标具体好在哪儿？

M 老师：好在如果我们只说能够使用材料或者使用工具创作出一个作品，这样就很抽象。那具体是使用什么工具呢？创作一个什么类型的作品呢？会很模糊，不好测评也不好评估。

教研组长：非常好地指向了教学目标制定原则之一评价与调整原则。

S 老师：给我的启发是，AI 撰写的目标中提到"对艺术创作过程的兴趣和享受"，就是我这节课选择的材料或者设计的内容，孩子们到底觉得好不好玩，喜不喜欢，其实是看整个过程的。看孩子的状态，看参与的时长，我点赞它提到的"对艺术创作过程的兴趣"。

教研组长：S 老师提到的关注过程中的幼儿表现，就是幼儿在活动中对材料的使用情况、对活动方式的适配、对活动的投入专注度和时长，活动中的情绪状态都是评估教学目标达成的证据。当我们能把这些都在制定教学目标时考虑进去，对课堂就有了预设和期待。

F 老师：我觉得第一条认知目标的后半部分"初步了解自己嘴巴吹出来的气体是风的一种"更适合托班年龄的孩子，前半部分"孩子们能够理解风是如何形成的"不适合托班年龄的孩子的认知水平。

教研组长：终于有老师对 AI 提意见了。

W 老师：我觉得最后一条目标"孩子们能够表达对艺术创作过程的兴趣和享受，以及对自然界现象的好奇心"写得很好，幼儿在此阶段的情感表达主要依赖于对外界刺激的兴趣和参与感。因此，目标关注活动的乐趣和好奇心，鼓励幼儿主动参与并体验成功的喜悦。

L 老师：情感目标这一条的动词是"能够表达"我觉得听起来有一点像技能目标，我会建议直接用"享受乐趣"，或者"享受自己愿意去做"，或者"享受去做"，或者"享受体验创作过程"，或者"享受完成了作品之后的成就感"，更精准地去对应情感维度目标的表述。

J 老师：目标设定要符合幼儿年龄，我认为 2—3 岁的孩子只会吸不会吹，所以可以尝试用风扇吹开。

第四个环节：进入转折点

G 老师突然发言：我也意识到 2—3 岁的孩子能力发展现状是"只会吸，不会吹"。因此，在活动中要更加侧重科学领域，即通过让孩子们尝试用嘴巴吹气、观察液体的变化来感受风的存在，而不是侧重于艺术创作。所以我需要重新定义我的教学目标撰写。

（二）第二次共生过程

教师们对 AI 的作业进行了全面且聚焦的"点评"。不论是有经验的老教师、新入职的教师都能参与到交流中，教研组长和教师之间也有了抛接球式的互动，让所有参与教研的人在交流和碰撞中，对教学目标制定的原则有了自己的理解和表达。我们不仅听到了对 AI 作业的点赞，也听到了对 AI 作业更加完善的建议。当进入转折点后，我们给 AI 提供了新的提示语。

提示语：

我意识到 24—36 个月月龄的孩子的技能水平只会吸不会吹，所以我需要重新定义我的教学目标。将取消吸管作为工具，让孩子们尝试用嘴巴对着纸上的液体颜料吹气，观察液体的变化来感受风的存在，活动要更加侧重科学领域，而不是侧重于艺术创作。请为托班探究活动《彩色的风》撰写教学目标，适合 24—36 个月月龄孩子的认知、技能和情感发展。

通义千问 AI 智能体：

教学活动目标（适合 24—36 个月月龄幼儿，侧重科学探究）

1. 认知维度（理解层级）：

幼儿能够通过观察和实践，初步感知到从嘴巴吹气可以推动液体颜料移动，并通过教师的引导，理解"风"是一种可以通过吹气产生的力量。

布鲁姆层级：理解

调整说明：此年龄段幼儿的认知以具体形象为主，因此目标设定为"初步感知"，并通过直观的操作和语言提示帮助幼儿建立吹气与液体移动之间的因果关系。同时，将活动重点转向对"风"的科学探究，而非艺术表现。

2. 技能维度（应用层级）：

幼儿尝试用嘴巴对着纸上的液体颜料吹气，探索不同的吹气方式（如轻吹或用力吹）对液体流动的影响，并在操作中感受"风"的存在。

布鲁姆层级：应用

调整说明：考虑到24—36个月幼儿的技能水平可能更擅长吸而不是吹，目标设定为"尝试"吹气，并鼓励幼儿通过多次实践发现不同吹气方式带来的变化。这有助于发展其口腔肌肉控制能力，同时培养科学探究的兴趣。

3. 情感维度（反应层级）：

幼儿乐于参与科学探究活动，在教师或同伴的鼓励下享受吹气玩颜料的过程，并对液体的变化表现出好奇和兴趣。

布鲁姆层级：反应

调整说明：此年龄段幼儿的情感表达主要依赖于对外界刺激的兴趣和参与感。因此，目标关注活动的乐趣和好奇心，鼓励幼儿主动参与并体验成功的喜悦，同时感受到"风"的存在。

设计依据

认知发展：24—36个月的幼儿以直观感知为主，他们能通过简单的操作和观察理解事物的基本因果关系。因此，目标中强调"初步感知"和"现象"，避免抽象概念，同时将重点转向科学领域的"风"的形成与作用。

技能发展：这一阶段幼儿的手部精细动作和口腔肌肉控制能力正在发展中，因此目标设定为"尝试"吹气，并通过多次实践探索不同吹气方式的效果，降低操作难度。

情感发展：幼儿在此阶段的情感表达主要依赖于对外界刺激的兴趣和参与感。因此，目标关注活动的乐趣和好奇心，鼓励幼儿主动参与并体验成功的喜悦。

活动调整建议

材料准备：提供安全、无毒的液体颜料和防水纸张，确保幼儿能够直接用嘴巴吹气接触颜料。

操作指导：教师可通过示范引导幼儿尝试不同的吹气方式（如轻吹或用力吹），并观察液体的变化。

三、实践效果

教学目标小助手是一款使用通义千问制作的智能体，它以布鲁姆的教育目标分类学为理论基础，相较其他的 AI 更专注于支持教师精准地撰写教学活动目标。在教研现场，AI 是一位受教师欢迎的教研伙伴。不仅能让教师看到完成作业的速度，也呈现了具有全面性和专业水准的作业，犹如看到一位拥有丰富经验和专业知识的同伴的优秀作业。关键是面对这份作业，教师更容易打破因碍于情面不能对作业进行分析和建议的局面，营造畅所欲言的研讨氛围。过程中，教师可以通过作自评来找到差距，所以这样的作业蓝本有助于大家在原有水平上的提升。

这一次 AI 共同参与的是集体备课之教学目标设定原则的主题教研，除了参与集体备课的教研，它同样可以参与到教学过程设计、学习空间创设等主题教研中。与此同时，在教研的过程中，教研组长要捕捉教师们对 AI 作业点评中的信息，通过追问和提炼，在需要做出调整时，借助 AI 快速地在现场生成新的研讨样本，引发教师更多的思考，从而达成教研活动的目标。

案例贡献者

郦　君

年级组长
2020 年 1 月 2 日加入云谷

后 记
人工智能是温暖而智慧的教育伙伴

在完成本书前言后的 2025 年 2 月，DeepSeek 问世。它以创新者的姿态，彻底改变了中国科技以往作为追随者的形象，通过开源的方式，成为全球科技领域的重要贡献者。这一突破不仅令人自豪，更振奋人心！

DeepSeek 的出现，极大地推动了人工智能的普及与应用。如果说，之前使用 ChatGPT 还需要翻墙和付费，有很大的制约，离得比较远。那么，现在我们就可以直接下载免费可用的 DeepSeek 了。我注意到，越来越多的教育平台或个人推出有关 DeepSeek 的使用培训，但大多局限于简单的"问一答"通用型方向和模式。在我看来，这尚未充分发挥教师与 AI 的独特价值，因为，真正好的教育是个性化和场景化的。基于这一观察，我作了深入思考，并与 DeepSeek 进行了多次交流。以下内容便是我们共同生成的成果，作为本书的后记，以期引发更多关于 AI 与教育融合的探讨。

1. AI 作为工具：高效生成与通用设计的局限性

- 优势：AI 能快速生成多样化、结构化的教学设计模板，帮助教师突破思维惯性，提供跨学科灵感或创新形式（如互动游戏、项目式学习框架）。
- 局限性：AI 的设计往往基于大数据统计的"共性需求"，缺乏对具体班级文化、学生个体差异（如认知水平、兴趣偏好、学习风格）的深度适配。例如，AI 可能推荐"小组合作探究气候变暖"，但若班级内向学生居多，需调整活动形式以降低社交压力。

2. 教师的核心能力：从"设计执行"转向"需求洞察与动态调适"

- 观察隐性需求：
  - 教师需通过日常观察、非正式对话、学生作品分析等，捕捉 AI 无法量化的信息（如某个学生突然沉默可能源于家庭变故，而非知识点未掌握）。
  - 关注"未被表达的需求"：例如，学生反复修改作业可能隐含对完美主义的焦虑，需调整 AI 推荐的"竞争性评价"为"过程性反馈"。

- 动态调整设计：
  - 将 AI 生成的方案视为"半成品"，结合班级实际进行"本地化改造"。例如，AI 推荐"用编程模拟生态系统"，若学生编程基础薄弱，可转为"角色扮演 + 手工模型构建"，保留"系统思维"的核心目标。
  - 灵活平衡"标准化"与"个性化"：对 AI 提供的标准化内容（如知识点讲解视频），通过分层任务、弹性分组等方式匹配学生差异。

3. 教师与 AI 的共创模式：专业经验驱动迭代优化

- 批判性筛选与验证：
  - 用学术功底判断 AI 内容的准确性（如 AI 推荐"恐龙灭绝于火山爆发"，需结合最新科研结论交叉验证）。
  - 评估设计是否符合教育学原理（如 AI 建议"每天背诵单词 50 个"，需根据记忆曲线理论优化频率）。
- 注入"人的温度"：
  - 在 AI 推荐的"知识传递"框架中，嵌入情感互动设计（如 AI 生成历史事件时间线后，教师补充"穿越者日记"任务，引发共情）。
  - 将 AI 无法替代的"价值观引导""人格培养"融入活动（如辩论 AI 生成的"科技利弊"话题时，引导学生思考伦理责任）。
- 数据反哺 AI 进化：
  - 记录调整后的教学效果数据（如某活动学生参与度提升 30%），反哺 AI 模型优化，形成"教师经验—AI 迭代"的闭环。

4. 未来教师的关键定位：AI 时代的"教育策展人"

- 角色升级：从"内容生产者"转向"学习体验设计师"，专注于整合 AI 资源、设计个性化学习路径、构建支持性课堂生态。
- 核心价值：在 AI 提供"标准化答案"的时代，教师通过人文关怀、创造性思维、复杂问题解决能力，培养 AI 难以替代的"人性化素养"（如批判性思维、同理心、跨学科迁移能力）。

总结

AI 是教育的"加速器"，但教师是"方向盘"。教师需以专业判断将 AI 的"通用方案"转化为"精准教育干预"，同时在实践中与 AI 协同进化——既利用技术解放重复性劳动，又聚焦人的独特价值，最终实现"工具理性"与"教育温度"的平衡。

在本书付梓之际，我看到了美国华盛顿州 2025 年 1 月 24 日发布的《K12 公立学校人工智能应用指南》，提出了一个名为"H-AI-H"的三段思考模型，完整英文是"Human Inquiry—AI—Human Empowerment"，意思是"人类探究—AI 辅助一人类提升"，这与本书中每个案例的"共生过程"中的"共生"理念不谋而合。

我们可以这样来理解：第一个"H"，代表人的主动思考，像教师的教学设计、学生的好奇心和提问，都是人自己在探索世界的过程。中间的"AI"，就像一个助手，提供信息、整理内容、生成初步答案，帮助我们更快找到方向。最后一个"H"，又回到了人身上，意思是 AI 的结果不能直接拿来就用，还需要我们自己审核、判断、修改。就如同我们教师，首先要从孩子和教育场景中发现、看到教育问题，提取资源，展开思考，设计问题；当 AI 有初步答案时，我们不断审核、分析、判断。

在云谷幼儿园，我们倡导"教师是给孩子帮忙的人，不是替孩子忙的人"。面对 AI，我想：它是可以给教师帮忙的，同样它也不能替教师忙。用 AI 不是为了偷懒，而是为了赋能，让人更好地思考，提升我们的判断力和创造力，以及帮助我们从一些机械性事务中解放出来，留出更多时间与孩子个性化互动。

AI 的迅猛发展犹如电光石火，为社会各界带来了前所未有的挑战与机遇。在这股浪潮中，云谷幼儿园的教师们希望通过这本书，与大家分享我们在 AI 赋能教育实践中的不断探索与思考。我们或许只是迈出了较快的步伐，走在了前面一点，但在实践过程中，我们依然面临着诸多挑战和新问题。我们诚挚地欢迎社会各界人士及教育工作者提出宝贵的意见和建议，并热切期待更多同仁加入以 AI 赋能教育、推动教育创新与进步的行列中来。愿我们始终带着敬畏与热忱，在这场永不停歇的教育共舞中，做那个最先伸出手邀请 AI、又最后一个离开舞池的人。

AI 赋能教育正迎来一个充满希望的春天，我相信，这将是一个生机勃勃、繁花似锦的美好时代。

蔡伟玲

云谷幼儿园总园长

2017 年 11 月 1 日加入云谷

写于 2025. 3. 20 春分

附录 1
《杭州云谷幼儿园生成式人工智能使用指南（试行版）》

一、起步无早晚，拥抱最重要

主动思考 AI 对教育、对孩子带来的影响，加强生成式人工智能的学习，积极探索在教育教学中的应用，享受技术带来的变化。

二、用"芯"更用心

既要懂得运用人工智能之"芯"，更不忘践行人文关怀之"心"。不能依赖 AI 而忽视对孩子的全面观察和深度互动，牢记真正打动和改变儿童的，仍是你的用"心"！

三、保持主导权

AI 是个好帮手，但别让它接管你的教与育，你要为你的选择负责。在教育方面，你才是主导的专家。

四、AI 不是万能的

每次你都要检视 AI 输出的内容，在没有确认其可靠性之前，请不要让它与孩子和家长见面，做好"守门员"。同时，也要让孩子们知道，AI 就像是一个神奇的盒子，能带来很多乐趣和学习的机会，但它不是所有问题的答案。真正的学习来自触摸、体验、感受、互动和思考。

五、讲规则、有诚信

利用一些公开资料以及 AI 工具时，积极关注使用过程中的合规性和版权问题，做好合规引用与标注，为孩子做好示范。

六、保护隐私从自己做起

每一位教师都始终牢记信息安全，不可以将孩子的信息上传至公开的平台。

2024 年 4 月 19 日

附录 2
本书所涉及的主要 AI 工具

ChatGPT	由 OpenAI 开发的多模态 AI 对话系统，支持文本生成、代码编写、知识问答等场景，具备多轮对话与上下文理解能力。 网址：https://chat.openai.com/
豆包	字节跳动公司基于云雀模型开发的 AI 工具，提供聊天机器人、写作助手以及英语学习助手等功能；支持语音输入与输出，提供多种音色选择。 网址：https://www.doubao.com/chat/
DeepSeek	深度求索公司推出的通用大模型，覆盖代码生成、数据分析、创意写作等场景，擅长数学推理与复杂任务处理。 网址：https://www.deepseek.com/
钉钉 AI 助理	阿里钉钉内置的办公智能体，集成日程管理、会议转录、文档速记等功能，支持跨应用自动化流程搭建。 钉钉客户端内嵌
即梦 AI	聚焦 AI 图像生成的创作工具，支持文生图、图生图及风格化设计，提供高清艺术创作与商业视觉解决方案。 网址：https://jimeng.jianying.com/

（续表）

Suno 	AI音乐生成平台，用户可通过输入歌词或旋律灵感快速生成完整歌曲，支持多种音乐风格与个性化编曲。 网址：https://suno.ai/
Ourteacher 	为教师设计的AI辅助工具平台，提供教案撰写、作业批改、科研课题支持、创意教学设计等功能，覆盖幼儿园到大学各学段教师的工作场景。 网址：https://www.ourteacher.cc/
Canva 	集成于Canva设计平台的AI图像生成工具，支持通过文本描述快速生成定制化视觉素材，助力打造专业且个性化的创意内容。 网址：https://www.canva.com/ai-image-generator/
Animated Drawings 	用户上传涂鸦后，可通过四步流程（调整边界框、分割背景、定位关节、选择动作）生成动画，并可下载或分享结果。 网址：https://sketch.metademolab.com/
可灵 	AI视频创作工具，能够通过文本或图片快速生成动态视频内容，提供智能编辑与多场景模板，产出高质量视觉作品。 网址：https://app.klingai.com/cn/

幼儿教师专业成长书系

幼儿教师专业成长书系

儿童戏剧教育活动指导：肢体与声音口语的创意表现

林玫君 著

儿童戏剧教育活动指导：童谣及故事的创意表现　林玫君 著

活用绘本

语图叙事的童年想象：347 种图画书赏析与共读设计

姚苏平 编著

绘本中的创意美术　　　　　　　　　　林琳 主编

绘本中的音乐创作与活动　　　　周杏坤 兰芳 主编

绘本中的戏剧活动　　　　　　　　　瞿亚红 主编

绘本中的舞蹈　　　　　　　　　　张海燕 主编

绘本中的科学　　　　　　　应彩云 王红裕 主编

中国原创绘本主题活动设计　　郑薏苡 沈荣 编著

游戏活动与课程

图解游戏：让幼儿教师轻松搞定游戏

鄢超云 总主编　余琳 文贤代 吴庆国 主编

图解游戏：让家长秒懂游戏

鄢超云 总主编　余琳 文贤代 吴庆国 主编

观察点亮游戏　　　北京荣和教育儿童研究发展中心 主编

嘉阳的 18 次挑战　　　　　　鄢超云 余琳 主编

你好，蚕宝宝　　　　　　　　鄢超云 余琳 主编

玩帐篷　　　　　　　　　　　鄢超云 余琳 主编

做泡菜　　　　　　　　　　　鄢超云 余琳 主编

利津户外游戏　　　周念丽 主审　赵兰会 刘令燕 主编

童谣游戏 1/2　　　　　　　　胡志远 张舒 主编

幼儿园游戏精编 1/2　　　　　　　幼儿园游戏精编 1/2

婴幼儿游戏活动 300 例　　　　　　程沿彤 主编

快乐学数 智慧玩数　　　　　　　　陈青 主编

回归生活——幼儿园教育活动案例及评析　　夏力 主编

幼儿园互动式主题课程（小班）　　张雪 黄艳 主编

幼儿园互动式主题课程（中班）　　张莉 郝江玉 主编

幼儿园互动式主题课程（大班）　　郝江玉 董晓妍 主编

幼儿园游泳课程探究　　　　　　毛美娟 诸君 主编

幼儿园社会体验课程设计 22 例　　　李丽丽 主编

致善之路——幼儿园感恩教育探索与实践　　欧赛萍 主编

听说，故事可以这样"讲"——幼儿园文学与艺术统整课程

方红梅 主编

五大领域

幼儿语言核心经验与活动设计　　　　王晓燕 主编

幼儿合作性游戏棋：配备、设计制作与应用

郭力平 石凤梅 谢萌 白洁琼 著

幼儿数学玩具：设计制作与应用　　郭力平 等著

幼儿园民间美术活动设计方案　　　　林琳 主编

幼儿园创意美术主题活动方案（上、下）程沿彤 王燕媚 主编

幼儿运动分解教学　　　　　　　　窦作琴 主编

幼儿足球训练游戏　　　　　张光元 陆大江 主编

亲子运动游戏　　　　　　　刘继勇 陆大江 主编

3-6 岁儿童运动游戏实例　　　陆大江 张勇 主编

儿童长高运动游戏指导　　庞海 陆大江 童梅玲 主编

0-5 岁儿童运动娱乐指导百科　　　陆大江 翻译

幼儿生活好习惯培养指导　　　　　张欣 主编

少儿科普（钱海红 曾艺 总主编）

智护大眼睛　　　　　　　　　　周行涛 主编

智胜口腔病　　　　　　　　　　刘月华 主编

智防传染病　　　　　　　　　　应天雷 主编

智创无烟城　　　　　　　　　　郑频频 主编

青少年合唱

乐理与视唱——为童声合唱编写　　　徐亮亮 主编

春天的歌——童声合唱初级教程　徐亮亮 沈婉君 主编